정치에 속고
세금에 울고

PERI 정책 시리즈 #1

POPULISM

세금 포퓰리즘 11가지 대책

정치에 속고
세금에 울고

안종범 | 박형수 | 임병인 | 전병목 지음

정책평가연구원
Policy Evaluation Research Institute

우리 경제가 침체와 혼조 속에 빠져 어려움을 겪으면서 국민의 삶도 갈수록 피폐해지고 있다. 그런데도 정치권은 연일 포퓰리즘의 남발이다. 서로 자신들의 주장이 옳다고 주장하지만 국민은 무엇이 옳고 그른 것인지 알 수 없고 해법도 없어 고통만 당하고 있다.

특히 국민의 지갑과 밀접한 관련이 있는 세금 관련 포퓰리즘 정책이 무분별하게 남발되어 온 것은 우려할 만한 일이다. 게다가 코로나 팬데믹을 빙자한 각종 포퓰리즘 정책이 단기간에 재정을 급격히 악화시키고 있어 결국 국민부담은 늘어만 간다. 따라서 국민이 포퓰리즘 정책에 현혹되지 않게 하려면 포퓰리즘 정책을 감별하는 방법과 함께, 포퓰리즘에서 벗어난 바른 정책을 옹호하는 능력을 갖추도록 하는 것이 중요하다.

요컨대 그럴듯한 미사여구로 대(對) 국민 사기극을 펼치려는 이들의 실체를 파악하고 국민이 올바른 판단을 하도록 돕자는 것이 PERI(정책평가연구원)의 진정한 목표다.

입법·행정 정책 중에서도 세금과 관련된 정책이 포퓰리즘에 가장 취약하다. 세금은 복잡하고 어렵다는 국민의 인식 아래 세금 관련 포퓰리즘이 더욱 극성을 부려 왔기 때문이다. 그래서 PERI(정책평가연구원)는

'탈포퓰리즘 정책 시리즈'를 기획하고 그 첫 번째로 우리 세금 정책에 대한 속 시원한 '정책 제안서'를 출간하기로 했다. 네 명의 조세 전문가들이 모여 각자 평생 세금 관련 연구를 하면서 그리고 정치를 지켜보면서 체험한 세금 포퓰리즘을 조금이라도 견제하고 이를 막아보고자 힘을 합친 것이다. 정치에 속고 세금에 우는 우리의 안타까운 현실을 바로잡고자 우선 세금을 쉽게 그리고 재미있게 국민에게 알리려 노력했다.

이 책은 필진은 먼저 세금 포퓰리즘 피해 사례를 하나하나 파헤친다. 그리고 더 이상 세금으로 속고, 세금 포퓰리즘으로 당하는 일이 없도록 하기 위한 묘책도 제시한다.

독자들께 세금이라는 존재가 어떻게 시작되고, 어떤 종류의 세금이 만들어지고 거두어지고 있는지 그 역사와 배경과 함께 소개하기로 한다. 이 책은 그동안 세금과 관련해서 나왔던 국내 책자들이 너무 전문적이고 용어부터 어려워서 이해하기 어려웠던 것에 반해 세금 분야의 최고 전문가들이 알기 쉽고 재미있게 세금에 대한 해박한 정보와 지식을 갖추도록 도와준다.

그래서 한 번 읽고 나면 세금에 대한 백과사전을 독파한 것처럼 명쾌하게 그림이 그려지도록 폭넓고도 깊은 정보를 쉽게 풀었다. 여기에 지금 시대에 꼭 필요한 정책 제안을 담아 입법·행정 책임자들이 좀 더 소신 있게 위민 정책을 펼치도록 안내하고 있다.

또 정책평가연구원은 이 책을 통해 국민이 세금에 대해 더 편하게 다가가서 더 쉽게 이해하도록 돕고 세금으로 국민을 속이려는 여러 세력의 시도를 사전에 봉쇄하고자 한다.

세금이 어렵고 복잡하다는 점을 악용해서 국민을 속이려는 자들이 시도조차 하지 못하게 차단하자는 것도 출간의 중요한 목적 가운데 하나이다. 이로써 세금의 모든 것을 쉽게 설명하고 세금을 바르게 이해하도록 하고자 안내하는 것이 정책평가연구원의 사명이라고 생각한다.

정책평가연구원의 김태훈 총괄본부장과 왕안나 연구실장의 열정도 이 책의 가치를 크게 높여주었다. 한 번 맺은 인연을 소중하게 여겨서 언제나 좋은 책 만드는 데 도움을 주신 렛츠북 류태연 대표 이하 직원들에게도 감사드린다.

세금 포퓰리즘을 제대로 밝혀내고 막는 것에 대한 관건은 이 책이 얼마나 널리 읽히고 독자들을 설득하느냐에 달려있으므로 우리 필자들은 이 책의 집필과 편집에 정성을 기울였다. 독자 여러분의 많은 관심을 두 손 모아 기원한다.

대표 저자
안종범

정치에 속고 세금에 울고

제2장 세금, 왜 불만인가?

제2부 세금 역사 이야기

제3장 동서고금의 세금 이야기

제4장 세금의 한국사

제3부 세금 포퓰리즘 대책

제5장 세금, 알아두면 쓸모 많은 신기한 세금 잡학

제6장 포퓰리즘 막는 11가지 세금개혁 제안

제1부

정치와 세금

제1장

세금 포퓰리즘,*
눈 뜨고 당하는 국민들 피해

* 경제학에서 포퓰리즘은 복잡한 문제에 대해 매우 감정적인 방법으로 지나치게 단순화한 답변을 제시하거나, 보다 나은 대안에 대한 합리적인 고려 없이 유권자를 만족시키려고 하는 것 등에 사용한다(출처: https://en.wikipedia.org/wiki/Populism). 세금 포퓰리즘 역시 단순히 세금의 한 면만 지나치게 강조하여 본질과 다른 방향을 제시하는 것을 의미한다.

서민 감세 정책,
과연 줄여줬을까?

선거 때나 새 정부 초기 때만 되면 각 정당이나 정부 지자체 후보자들은 부지런히 자신이 이끌어 갈 정책 목표 보따리를 거침없이 풀어놓는다. 그중에는 소득이 낮은 사람을 돕는 방안으로 소득세 감세를 거론하기도 한다. 경제불황기에 상대적으로 생활고를 겪을 가능성이 큰 사람들의 세금 부담을 낮춰 손에 쥐는 소득을 늘리겠다는 것이다. 언뜻 듣기에 타당성이 있는 정책으로 보이지만 기대하는 것보다 그 비용이 크고 부작용 역시 상당하다.

대표적인 세금 낮추기 공약은 세금을 내지 않아도 되는 면세점을 인상하는 것이다. 하지만 이 정책의 효과는 크지 않고, 세금을 내지 않는 면세자 비율만 높게 되는 부작용을 초래한다.

이미 세금을 한 푼도 내지 않는 근로자가 전체의 40%에 가깝고, 이들에겐 면세점 인상 혜택이 없기 때문이다. 이것을 단적으로 표현하자면 '대 국민사기극'이다. 이에 표를 보내 지지한 저소득 근로자들이 속아 넘어갈 수밖에 없는 것은 그들이 세금을 내지 않고 있다는 사실을 정확히 몰랐기 때문이다. 근로자들은 매월 원천징수로 일정 금액을 세금을 낸 뒤 연말에 연말정산을 통해 확정된다. 그래서 매월 원천징수로 세금을 내는 것 때문에 스스로 세금을 내고 있다고 착각하기 쉽다.

제대로 살펴보자면 이런 면세점* 인상으로 생긴 소득세 부족분을 반드시 채워야 하기에 결과를 보면 저소득층이 손해인 경우도 나타난다. 특히 소비세 인상, 복지지출 감소 등으로 부족한 세수를 보충할 경우 저소득층은 더욱 손해를 본다. 소비세 인상은 소득 수준과 관계없이 비슷하게 부담하고, 복지지출 감소는 저소득층에 더 큰 타격이 되기 때문이다.

원래 소득세는 누진세제로 운영되어 소득증가 속도보다 소득세액의 증가속도가 빠르다. 독자 여러분은 이 점을 먼저 기억해 두기를 부탁드린다. 본론으로 들어가 보자. 입법·행정부에서는 생활에 꼭 필요한 비용, 즉 낮은 소득에 대해서는 소득세를 낮게 부과하고 있다. 저소득자에게 세금을 낮게 부과하면서도 누진적인 설계를 통해 고소득자에게는 높은 세금을 부과할 수 있기 때문이다. 예를 들면 2020년 귀속소득 기준 총 급여 4,000만 원 이하 근로소득자의 세금 비율(세금 결정액/급여 총계)은 0.7%에 불과하다. 면세자를 제외한 세금을 내는 소득자의 세금비율도 1.1%에 불과하다. 이미 세금 부담이 낮기 때문에 저소득자의 세 부담을 줄이는 감세 정책의 혜택규모도 크지 않다. 그런데도 이 정책을 꺼내 드는 것은 선전 효과가 크기 때문이다.

그러나 나라 전체로 보자면 저소득자의 세 부담을 낮추는 정책은

---

* 면세점은 각종 소득공제, 세액공제 등으로 소득세 부담이 0이 되는 소득수준을 의미한다. 면세점 인상은 소득공제액 등을 높인다는 것이다.

면세자 비중 증가라는 부작용을 초래하게 된다. 세 부담이 작은 소득자의 소득세 부담을 낮추게 되면 비례적으로 세 부담이 0이 되는 소득자가 늘어나기 때문이다. 이러한 세금 부담이 없는 면세자 규모 및 비중의 증가는 다양한 문제를 야기할 수 있다.

우선 소득세를 내는 사람의 비율을 축소하여 세금 부담 편중현상을 강화시킨다. 세금 부담의 편중은 납세자들의 불만을 높이게 된다. 주위에 세금을 내지 않는 사람이 많아진다면 기꺼이 소득세를 부담하던 사람도 그 마음이 약해지기 때문이다. 소극적 조세저항을 불러일으킬 수도 있다.

세금 부담의 편중이 가져올 불만

또 높은 면세자 비중은 세금 정책의 왜곡도 초래할 수 있다. 소득세를 내지 않는 많은 사람이 다른 사람의 세금 결정에 참여하기 때문이다. 자신과 관련 없기 때문에 잘못된 결정을 내릴 가능성이 커진다. 물론 여기서 국민투표의 기본 정신인 평등권을 위배하자는 이야기는 더욱 아니다.

그러나 구체적으로 소득세를 내지 않는 사람이 많아질수록 면세자 규모 축소에는 소극적이고, 다른 사람의 부담을 늘리는 정책으로 바뀔 수 있다. 이러한 왜곡은 전체 사회 구성원들의 연대감을 훼손할 것이다.

서민층을 위한 감세 정책은 의도하지 않은 고소득자들의 지원으로도 귀결될 수 있다. 저소득층에 적용되는 소득세율을 낮추거나 공제를 높일 경우, 고소득층에도 이러한 조정이 적용되기 때문이다. 이는 일정 기준들을 초과하는 소득에 대해 점차 높은 세율들을 적용하는 소득세제의 특징에 따른 것이다.

예를 들어, 1,000만 원을 기준으로 그 이하에 10%, 초과금액에 20% 세율을 적용하는 소득세 제도를 가정하자. 이때 저소득층을 위해 10% 세율을 5%로 낮춘다면, **500만 원 소득자는 소득세액이 기존 50만 원**(500만 원×10%)**에서 25만 원**(500만 원×5%)**으로 50%**(25만 원) **낮아진다. 2,000만 원 소득자는 소득세액이 기존 300만 원**(1,000만 원×10%+(2,000만 원−1,000만 원)×20%)**에서 250만 원**(1,000만 원×5%+(2,000만 원−1,000만 원)×20%)**으로 16.7%**(50만 원) **낮아진다.** 세금 감소 비율로는 저소득자의 부담이 많이 낮아졌지만 절대 금액은 반대로 나타난다. 정책 의도와는 달리 저소득층이 손해를 보는 입장이다.*

우리나라 근로소득자의 면세자 규모는 2020년 귀속소득 기준 730만 명, 근로자 중 비중은 37.2%이다. 2014년 48.1% 수준에서 점진적으로 하락하는 추세에 있으나 2013년의 31.3%에 비해서는 높은 수준이다. 물론 면세자 비중이 높은 것인지 낮은 것인지에 대한 절대적 판단 기준은 없다. 소득자의 분포가 중요하기 때문이다.

---

* 수식이 복잡하게 느껴진다면 굵은 글씨만 읽으면 되겠다.

소득이 낮은 사람이 면세자가 되는 것은 소득세 제도가 의도하는 것이기 때문에 문제라고 하기 어렵다. 그럼에도 불구하고 소득세를 부담할 수 있는 소득자 중에서 세금을 내지 않는 면세자가 많은 것은 다양한 문제점을 야기할 수 있으므로 정부 입장에선 피해야 한다.

예를 들어 우리나라의 경우, 연 소득 1,500만 원을 생계유지를 위해 필요한 소득으로 보고 소득세를 부담하지 않아도 된다고 가정하자. 이 경우 2020년 1,500만 원 이하 근로소득자 비중이 전체의 21.9%이므로 면세자 비중 37.2% 중 15.3%가 정책적으로 의도된 면세자라 할 수 있다. 따라서 문제가 되는 면세자는 의도된 면세자를 제외한 21.9%라 할 수 있다.

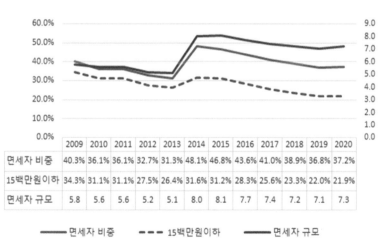

<그림 1-1> 근로소득자 면세자 규모의 변화 추이

	2009	2010	2011	2012	2013	2014	2015	2016	2017	2018	2019	2020
면세자 비중	40.3%	36.1%	36.1%	32.7%	31.3%	48.1%	46.8%	43.6%	41.0%	38.9%	36.8%	37.2%
15백만원이하	34.3%	31.1%	31.1%	27.5%	26.4%	31.6%	31.2%	28.3%	25.6%	23.3%	22.0%	21.9%
면세자 규모	5.8	5.6	5.6	5.2	5.1	8.0	8.1	7.7	7.4	7.2	7.1	7.3

—— 면세자 비중   - - - 15백만원이하   —— 면세자 규모

출처: 국세통계포털
(https://tasis.nts.go.kr/websquare/websquare.html?w2xPath=/cm/index.xml)

이는 2013년의 경우 4.9%(면세자 비중 - 연간 소득 1,500만 원 이하 근로자의 비중)에 비해 크게 증가한 수치고, 그간 다양한 이유로 면세자 비율이 증가해 왔음을 보여준다*. 그동안 세금 포퓰리즘 정책이 남발되어 온 탓이다.

서민 감세로 표현되는 소득세 감세는 소득세 부담이 낮은 서민층에 실질적으로 큰 지원 정책이 되지 못하고, 면세자 비중만 증가시키게 된다. 면세자 비중의 증가는 소득세 정책 결정의 왜곡과 사회적 연대감에 부정적 영향을 미치게 된다. 또한, 재원 조달과 소득재분배의 중요 기능을 담당하는 소득세 제도를 적극적으로 운용하는 데 걸림돌이 될 것이다. 특정한 계층에 대한 지원이 필요하다면 이들을 잘 구별하여 적용할 수 있는 재정지출 정책이 바람직하다. 조세 정책은 재원 조달을 통해 이러한 지출 정책을 뒷받침하는 것이 더 중요하다. 요즘 기업에서 자주 사용하는 단어인 '선택과 집중'이 조세 정책에서도 적극 활용되어야만 하는 것이다.

---

* 2020년의 소비자물가는 2013년 대비 7.5% 상승하여 2020년의 1,500만 원 이하(2013 불변 가격) 소득자 비중은 21.9%보다 높을 것이므로 실제 면세자 비중 격차는 제시한 숫자보다는 작다.

영세사업자 세 부담 줄이기에 실패한 대표적 조세 정책

1996년 총선을 앞두고 중소상인의 납세 편의를 도모한다는 명분으로 부가가치세 간이과세 제도가 도입되었다. 연간 매출액 4,800만 원에서 1억 5,000만 원에 해당하는 사업자에게 매입자료 없이 신고 매출액을 기준으로 해당 업종의 평균 부가가치율에 따라 부가가치(매출금액-매입금액)를 결정하도록 과세특례를 대폭 확대한 것이었다.** 이에 따라 그동안 매입과 매출 자료를 성실히 제출하던 일반과세자가 매입 자료를 제출하지 않아도 되게 함으로써 탈세를 더욱 조장하는 결과를 초래했다. 나아가 1억 5,000만 원이 넘는 자영업자까지도 간이과세자에 속하여 과세될 금액을 줄이고자 매출을 낮추는 조세회피를 조장했다.

다행히 2000년 7월부터 연간 매출 4,800만 원에서 1억 5,000만 원의 사업자를 일반과세자로 되돌리고, 부가가치와 관계없이 매출액의 2%(또는 3.5%***) 세율을 적용받던 기존의 과세특례자를 업종별 평균 부가가치율을 적용하되 10% 세율이 적용되는 간이과세자로 전환했다. 하지만 포퓰리즘으로 탄생한 간이과세 제도가 실시된 지 4년 만에 폐지됨으로써 그간 조장된 탈세의 골이 상당히 커졌음을 상기할 필요가 있다.

** 당시 부가가치세 납세자유형: 일반과세자-연간 매출 4,800만 원 이상 / 간이과세자-과거 과세특례자, 연간 매출 2,400만 원~4,800만 원 / 소액부징수자-연간 매출 2,400만 원 미만

*** 과세특례자가 대리·중개·주선·위탁매매 또는 도급의 경우 3.5% 세율을 적용한다.

이 한 번의 정책 실패로 사업자의 조세회피 의식만 높아졌다는 비판까지 나왔다.

사업에서 벌어들이는 부가가치에 기반한 부가가치세의 탈세는 소득세 탈세로 이어진다. 부가가치에서 인건비 등을 뺀 금액이 소득세 부과대상이기 때문이다. 따라서 한 번 잘못 만들어진 제도가 가져오는 피해는 그 규모가 클 뿐만 아니라 오래 지속된다. 대통령도 행정부도 이를 입법한 입법부조차도 모두 5년만 지나면 그만이라 생각하겠지만 그 후과(後果)는 실로 커진다.

조세 감면이 가져올 공정성, 형평성 위배

조세 정책은 국가기능 수행의 재원을 조달하는 것이다. 소득, 소비, 재산 등에 대해 세금을 부과하고 이렇게 조성된 재원으로 외교, 국방, 안전, 복지 등 다양한 국가 기능을 수행한다. 국가기능의 수행 수단은 직접적인 재정지출이 주된 역할을 하지만 내야 할 세금을 줄여주는 조세 감면도 보조적으로 활용되고 있다. 조세 감면은 특정한 경제 행위의 유도, 특정 대상의 지원 등을 목적으로 이루어진다. 다른 말로 표현하면 특정한 정책 목적을 달성하기 위해 통상의 조세체계에서 벗어나 예외를 인정하는 제도를 말한다.

정부 정책 수단으로의 세금 감면은 재정지출과 다른 특성이 있다. 세금 감면의 가장 큰 장점은 기존 세금 행정체계를 이용하여 제도를 운용함으로써 비용을 줄일 수 있다는 점이다. 단점으로는 세금 부담이 있는 납세자만 지원할 수 있고 지원대상을 세금부과기준, 즉 납세자의 소득, 소비와 다르게 설정하기 어렵다는 것이다. 세금부과를 위해 마련된 행정시스템을 활용하기 때문이다.

정책 수단으로서 세금 감면을 어느 정도 활용하여야 하는지에 대한 기준은 없다. 그러나 재원확보라는 세금 제도 본연의 목적에 대한 예외로 운용한다는 측면에서 적극적으로 사용하기는 어려운 수단이다. 동시에 세금 감면이 갖는 정책 수단으로서의 한계도 있어 재정지출을 보조하는 수단으로 활용되고 있다. 재정지출과 달리 납세자들의 소득, 소비행위 등의 변화에 따라 달라지는 세금 감면 규모의 관리를 위해 정부는 국세 감면율의 한도를 정하고 있다.* 국세 감면율은 국세수입 대비 국세 감면액의 비율로 그 한도를 (직전 3년 평균 감면율+0.5%p 이하) 유지하고자 노력하고 있다. 그러나 이는 강제성이 없는 임의적 규정이다. 그 결과 2019, 2020년 두 해 연속 국세 감면율이 법정한도를 초과했다.

우리나라 국세 감면 규모는 지속해서 증가하고 있으며 2022년 59.5조 원 규모에 이를 것으로 전망된다. 국세 감면율(국세 감면액/국세수입총액) 역시 2022년 14.2%로 상당한 비중으로 세금을 깎아 주고 있다.

---

* 지방세의 감면은 행정안전부를 통해 관리하고 있다(「지방세특례제한법」 제3조).

<표 1-> 국세 감면의 추이

(단위: 조 원, %)

구 분	2015	2016	2017	2018	2019	2020	2021 (추정)	2022 (전망)
국세 감면액(A) (증가율)	35.9	37.4	39.7	44.0	49.6	52.9	55.9	59.5
(증가율)	(4.6)	(4.3)	(6.0)	(10.8)	(12.8)	(6.8)	(5.7)	(6.4)
국세수입총액(B) (증가율)				302.7	306.7	303.7	332.7	358.9
국세 감면율 [A/(A+B)]					(1.3)	(-1.0)	(9.6)	(7.9)
				12.7	13.9	14.8	14.3	14.2
국세 감면율 법정한도					13.3	13.6	14.3	14.8

*주: 국세 감면율 법정한도는 직전 3년 평균 국세 감면율+0.5%p이며, 2020 국세수입은 3차 추경 기준. 신 국세수입총액은 국세수입, 지방소비세, 국세 감면액의 합계

출처: 전병목 외, 「중장기 조세 정책 운용계획 수립사업」, 기획재정부·한국조세재정연구원, 2022.

    세금 감면은 조세 제도 적용의 예외이므로 활용에 신중해야 한다. 조세 제도 본연의 목적인 재원 조달을 위한 과세 공정성 또는 형평성을 해치기 때문이다. 세금 감면의 이유가 과세 형평성을 약화시킬 정도로 타당한지, 그 목적 달성에 충분한 효과가 있는지에 대한 지속적인 점검이 필요하다. 세금 감면은 세법에 그 근거를 두고 있어 축소 등 제도 조정에 어려움이 많다. 세금 감면의 조정을 위해서는 근거 세법의 개정이 필수적이기 때문이다.

    정부의 재량적 결정에 따라 빠르게 조정될 여지가 많은 재정지출에 비해 상황 변화에 따른 탄력적인 제도 조정은 어렵다. 제도의 축소 조정 또는 폐지를 위해서는 이해당사자들의 반대 극복과 함께 법률 개정이라는 과정을 거쳐야 하기 때문이다. 법률 개정을 위해서는 제도의 도

정치에 속고 세금에 울고

입 목적이 달성되었거나 지원 필요성이 없어지는 등 그 이유를 객관적으로 설명할 수 있어야 한다.

그러나 세무신고 과정을 거쳐 생산되는 세금 감면 자료는 자료 확인과 분석 결과를 확보하기까지 긴 시간이 필요하다. 예를 들면 한 연도의 소득·법인세 조세 감면에 대한 자료제공에는 동 연도 소득에 대한 세무신고가 다음 해에 이루어지므로 자료의 형태로 가공하여 제공하는 데 약 2년의 시차가 존재한다. 제도의 효과성을 검증하기 위한 추가적인 노력과 시간도 필요하다. 즉, 세금 감면은 재정지출에 비해 정책 조정에 많은 시간과 노력이 필요해 시의적절한 제도 조정이 어렵다.

세금 감면의 기득권화 경계해야

세금 감면은 일단 도입되고 나면 지속될 가능성이 높다. 감면의 수혜자는 정부 정책 개입의 필요성 해소 또는 목적 달성 이후에도 다양한 시각과 다른 이유를 근거로 혜택 유지를 요구하기 때문이다. 세금 감면이 실제로 필요한 것보다 큰 규모로 장기간 운영될 가능성이 높다는 것을 보여준다.

세금 감면의 기득권화는 과세 형평성 측면에서 정책 당국이 가장 경계해야 할 것이다. 세금 감면 폐지의 어려움으로 인해 먼저 도입된 제도들이 유지된다면 새로운 정책 수요에 대한 대응은 재정부담 등으로 어렵다. 세금 감면의 확대는 이에 속하지 않은 납세자들의 부담을 늘려 조세 제도 전반에 대한 불만을 초래할 수도 있다.

이러한 점들은 세금 감면이 정책 수단으로 활용되기에 상당한 단점을 갖고 있음을 보여준다. 세금 감면의 필요성과 지원 효과가 이러한 재원 누수, 납세자 불만, 탄력적 대응의 어려움 등을 감수할 정도로 큰 것인지 항상 점검하여야 한다. 일시적 지원 목적이라면 세금 감면을 이용치 않거나, 엄격한 기간 설정과 함께 도입되어야 할 것이다. 재정지출이라는 전통적인 정책 수단이 존재하고 있음을 감안할 때, 세금 감면은 꼭 필요한 경우에만 운용하는 지혜가 필요하다.

부자증세1: 부유세와 상속·증여세 과연 옳은가?

부자증세의 수단으로 부유세와 상속·증여세가 자주 거론된다. 그러나 부담 능력에 따른 과세를 강조한 부자증세와 부유세 및 상속세 부과논리는 상당한 차이가 있다는 점을 꼭 기억할 필요가 있다.

잘 생각해 보면 순자산(자산-부채)에 기반한 부유세는 소득과의 연관성이 낮다는 한계가 있다. 한 시점에서 순자산이 많다는 것이 한 해 소득이 많다는 것과는 다를 수 있기 때문이다. 이처럼 특정 연도의 소득 수준과 연동되는 순자산 평가 시점을 정하기 어렵고, 정하더라도 소득과의 연관성이 낮다.

예를 들어 은퇴 후 거주하고 있는 주택의 가격이 상승한 것은 해당자의 한 해 소득이나 자산과는 연관성이 거의 없다. 상속세 역시 상속자(사망자) 기준으로 부과하고 있어 수혜자의 부담 능력과 관계가 없다. 같은 재산 이전이지만 수혜자 기준으로 세금을 내는 증여세 방식과도 일치하지 않는다. 상속세는 부자 사망자에 대한 세금으로 상속받는 수혜자가 얻는 소득과는 직접 연계되지 않는다는 문제가 있다. 따라서 부자증세의 수단으로 부유세와 상속세는 한계를 뚜렷하게 지니고 있다.

부유세는 자산 격차 확대를 완화하기 위해 도입되었다. 자산 격차 확대가 사회적 지위, 영향력, 기회의 차이를 유발할 수 있기 때문이다. 또한, 부유세는 자본소득 과세, 상속세 등을 효과적으로 대체할 수도 있다. 이러한 부유세 부과를 옹호하는 이유에도 불구하고 다양한 반대 이유도 존재하다.

그 첫 번째 이유는 기존의 자본소득 과세에 더해 과세되는 추가과세라는 것이다. 중복 과세라는 지적을 피할 길이 없다. 자산으로부터 발생한 자본소득 과세에 추가하여 불확실한 소득 발생을 예상하고 순자산 기준으로 과세하게 된다. 결국 부유세 부과는 자본소득에 대한 과세를 지나치게 높여 저축과 투자를 줄이는 부정적 효과를 낳는다. 이는 자산가의 자산 해외 이전 또는 해외 이민 등을 낳을 수 있다. 부자들의 세금 회피를 조장하게 되는 엉뚱한 결과를 낳는 것이다.

두 번째로 부유세는 납세자의 납부 능력, 즉 실제 소득과 관계없이 부과되어 현금 흐름과 일치하지 않는다는 문제를 가진다. 매년 소득을 발생시키지 않는 자산을 보유하였을 경우에는 부유세를 납부하기 어려운 상황이 된다. 연합뉴스에 따르면, 소득 흐름 창출에 어려움이 있는 비금융자산의 비중이 우리나라는 64.4%(2021)로 미국(28.5%), 일본(37.0%, 2020)에 비해 크게 높은 수준이다.* 동일한 세 부담 수준에서 우리나라 가계의 세 부담 감당 능력은 다른 국가에 비해 매우 낮음을 알 수 있다.

소득 상황과 연관성이 낮아 상당한 납세자 저항성을 보여주고 있는 종합부동산세가 부유세와 유사한 사례다. 한편 자산의 가치평가가 어려운 문제도 있다. 비상장 주식, 해외 자산 등 시장가치 평가가 어려운 자산에 대한 추적 및 가치평가를 위해서는 상당한 행정비용이 수반된다. 일일이 추적하고 세금을 매길 인력도 시간도 부족하기 때문이다.

또 부유세의 부과는 자본의 해외 이전을 야기할 수도 있다. 정보수집에 어려움이 있는 비상장 주식, 거래가 많지 않은 자산 등의 형태로 해외로 이전될 가능성이 얼마든지 있다.

---

* 연합뉴스, 「한국 가계자산, 부동산 등 비금융자산 비중 64%… 미국은 29%」, 2022.8.25.

정치에 속고 세금에 울고

명분은 얻고 실리는 얻기 어려워

부유세 부과는 명분은 얻지만 실리는 별로 없는 정책이다. 이 때문에 부유세는 OECD 국가들에서 거의 채택되지 않고 있다. 부유세 도입 국가는 1990년 12개 국가에서 2017년 기준 4개 국가(프랑스, 노르웨이, 스페인, 스위스)로 줄어들었다.**

그중 프랑스는 2018년부터 부동산 대상으로 부유세 범위를 축소했다. 스위스는 양도소득세, 노르웨이는 상속세 대신 부유세를 부과하고 있다. 즉, 자산에 대한 추가 과세라기보다 자본소득에 대한 과세 방법으로 활용하고 있다. 추가 과세로 운용하고 있는 프랑스, 스페인의 부유세수는 2020년 기준 GDP 대비 0.09%, 0.20%로 재원 확보에 큰 도움이 되지도 않는다.

부자증세의 수단으로서 부유세는 소득과의 괴리, 자산 추적 및 평가의 어려움, 그리고 과다한 자본과세로 인한 저축·투자 축소 등의 문제로 많은 세수를 확보하기 어려운 수단이다. 비용 대비 효과성 측면에서 기존의 자본소득에 대한 과세, 상속증여세 과세를 통하는 것이 더 유리하다. 부자증세의 수단으로서 부유세는 외국 사례 등을 감안해 보아도 설득력 있는 대안이 아니다.

** OECD, 『The Role and Design of Net Wealth Taxes in the OECD-OECD Tax Policy Studies』, OECD Publishing, Paris, 2018

한 예로 프랑스는 2012년 좌파 성향의 프랑수아 올랑드 대통령이 100만 유로 초과 소득에 대해 최고세율 75%의 부유세를 도입했다. 그러자 루이비통 모에 헤네시 그룹(LVMH) 회장인 베르나르 아르노가 벨기에로 귀화하려고 했다. 국민배우 제라르 드빠르디유는 러시아로 귀화했다. 이에 2015년 이를 폐지했다.*

〈표 1-2〉 OECD 국가들의 부유세 운용 추이

	1990	2005	2017
도입 국가 수	12	8	4
운용 국가 (운영 기간 또는 세수 수준)	오스트리아(1954~1994) 덴마크(1903~1997) 핀란드(1919~2006) 독일(1952~1997) 아일랜드(1975~1978) 룩셈부르크(1934~2006) 네덜란드(1965~2001) 스웨덴(1947~2006)		프랑스(0.22%) 스페인(0.18%) 노르웨이(0.43%) 스위스(1.03%)

출처: OECD(2018)

부자증세의 한 수단으로 여겨지는 상속·증여세는 자산이전에 대한 과세다. 부모의 자산이 자녀들에게 이전될 때 세금을 부과하여, 세대 간 자산불균등에 의한 기회불균등 등을 줄이는 데 기여할 수 있다. 능력주의 사회에서 자산의 유무는 동일한 능력과 노력 수준의 개인에게 다른 기회를 제공하기 때문이다. 만약 우리 사회가 능력주의와 기회균등을 지향한다면 자산이전에 부과하는 상속·증여세는 정당화될 수 있다.

---

* 나무위키, https://namu.wiki/w/부자증세

상속·증여세는 수직적 형평성**과 수평적 형평성*** 확보에도 기여할 수 있다. 즉, 상속·증여세는 <u>스스로 번 소득과 다른 사람에게서 받은 소득</u>에 대해 비슷하게 과세하여 수평적 형평성에 도움을 준다. 또한, 누진적 과세로 수직적 형평성도 높일 수 있다.

조세회피를 조장할 우려도

그러나 한계점도 존재한다. 우선 조세회피 시도에 취약하다. 상속 및 증여까지 상당한 시간을 준비할 수 있기 때문이다. 구체적으로 살아 있는 동안의 자산이전인 증여의 활용, 세금 혜택을 부여하는 사업용 자산 또는 농림어업자산으로의 전환, 신탁 활용, 자선 등 목적의 공익법인 등 적법한 제도들과 감면 조항들을 활용할 수 있다. 부자일수록 큰 비용으로 대비할 수 있어 세금 역시 더 줄일 수 있다.

또한, 다양한 형태로 나타나는 금융자산의 이전에 대한 정보 수집이 행정적으로 어렵거나 가능하더라도 비용이 많이 든다. 증여의 경우 더욱 금융자산의 이동을 파악하기 어렵다. 이러한 어려움은 세금을 부과할 기준, 즉 세금 부담 대상 자산이전 규모를 낮게 설정하면 더 커지게 된다.

** 소득 수준에 따라 차등 과세하여야 한다는 원칙이다.
*** 소득 종류와 관계없이 소득 수준에 따라 동일하게 과세하여야 한다는 원칙이다.

우리나라를 비롯한 많은 OECD 국가가 상속·증여세를 도입하고 있다. 상속·증여세가 갖는 자산불균등 완화를 위해서다. 그러나 상속·증여세를 통한 세수 규모는 그리 크지 않다. 주요 선진 OECD 국가들의 평균적 세수 규모는 GDP 대비 0.1%(2020)에 불과하다. G7 국가 중 캐나다, 이탈리아 등은 각각 0.02%, 0.024%로 세수 규모가 매우 작다. 반면 프랑스, 독일, 일본, 한국 등은 상대적으로 높은 수준의 세수를 확보하고 있으며, 최대 GDP 대비 0.7%(프랑스, 2020) 수준이다.

<표 1-3> OECD 국가들의 상속·증여세수 추이

(단위: GDP 대비 비중 %)

	2005	2010	2015	2020
캐나다	0.0	0.0	0.0	0.0
프랑스	0.5	0.4	0.6	0.7
독일	0.2	0.2	0.2	0.3
이탈리아	0.0	0.0	0.0	0.0
일본	0.3	0.2	0.4	0.4
한국	0.2	0.2	0.3	0.5
영국	0.2	0.2	0.2	0.2
미국	0.2	0.1	0.1	0.1
OECD 평균	0.1	0.1	0.1	0.1

출처: OECD database(Revenue Statistics)

상속세를 대부분의 선진국가가 도입하고 있는 가운데 이를 운용하지 않는 국가도 12개 국가에 이른다.[*] 호주, 오스트리아, 캐나다, 노르웨

---

[*] OECD(2021), 『Inhertance Taxation in OECD Countries-OECD Tax Policy Studies』, OECD Publishing, Paris, pp.74.

이, 스웨덴 등이 이에 해당한다. 상속세를 폐지하였거나 도입하지 않은 이유는 '정치적인 지지 부족'으로 조사되었다. 근본적으로는 주로 고소득층의 잘 준비된 조세축소 대응과 기대세입 대비 높은 행정비용 등이 폐지의 원인이다(OECD, 2021). 상속세는 그 당위성에도 불구하고 실질적인 과세의 한계와 높은 행정비용 등으로 거둬들이기 어려운 세금이다. 이 때문에 많은 논란을 야기하고 있는 것도 사실이다.

상속세를 매기는 방식도 중요하다. 대부분의 국가는 상속세를 자산이전의 수혜자가 부담한다. 자산이전으로 소득이 발생한 소득자에게 상속세를 부과하는 것이다. 반면 우리나라, 덴마크, 미국, 영국 등 4개국은 자산을 이전하는 상속자에게 상속세를 부과한다. 이는 상속자(사망자) 관점, 즉 이전되는 부의 총 규모에 초점을 두는 제도다.

그러나 이러한 과세 방식은 살아 있는 동안의 부의 이전, 즉 증여와 다른 과세 방법이다. 증여세는 수혜자가 부담하기 때문이다. 유사한 재산의 이전에도 불구하고 상속자의 사망 여부에 따라 다르게 과세함으로 과세체계의 혼란과 일관성 유지에 어려움을 야기한다. 일관성이 없다는 지적이 나오는 것도 이 때문이다.

상속자에게 세금을 추가로 부과하는 상속세 방식은 이중과세의 논란에서도 자유롭지 못하다. 상속자의 세후 소득으로 형성된 자산에 대해 사망 시 다시 과세하는 것이기 때문이다. 대부분의 국가가 수혜자의 소득 관점에서 과세하는 방식을 택하고 있는 것은 이런 이유에서다.

상속세가 부의 세습과 불균등을 완화하는 세제로서 그 당위성은 존재하지만, 실질적으로 부자증세의 수단으로 큰 역할을 하기에는 한계가 있다. 부자일수록 상속세를 회피할 수 있는 잘 준비된 대응을 통해 세 부담을 줄일 수 있기 때문이다. 부자증세를 위해 높은 세율을 부과할 수는 있지만, 가업 상속, 자산의 금융화, 해외 이전, 공익법인 등을 통한 조세회피로 실질적인 효과는 제한적일 수 있다.

또한, 높은 세금을 부과하기 위해 상속세 부과 기준을 낮추게 되면, 많은 이해당사자(상속자와 그 친족들) 간의 다양한 자산거래 관리·분석에 대한 비용도 높아지게 된다. 그렇다 하더라도 현금 이전 등 다양한 방안들에 대한 실질적인 파악과 과세도 어렵다. 세입 대비 높은 관리비용과 고소득층의 합법적인 조세회피 가능성은 상속세를 통한 수직적 형평성 확보와 세수 확보가 어려운 과제임을 보여준다.

한 예로 스웨덴의 제약회사 아스트라의 경우 창업주의 부인이 세상을 떠나자 상속세 납부를 위해 주식을 팔 것이라는 소문이 돌아 주식가격이 폭락했다. 이후 경영난으로 영국 제약회사 제네카에 합병되어 아스트라제네카가 되었다. 독자 여러분이 잘 아시는 코로나 백신 업체다. 스웨덴의 IKEA 역시 안정적 지배를 위해 소유구조를 4개의 재단으로 분리하고 본사도 네덜란드로 이전했다.*

---

* 북유럽연구소, 「스웨덴은 왜 상속세를 폐지했나」, 2019.11.4.
(출처: https://brunch.co.kr/@nordic/135)

정치에 속고 세금에 울고

자산 및 소득 격차 완화를 위한 명분상의 상속·증여세 부과는 타당할 수 있다. 그러나 이를 통해 의미 있는 재원을 조달하기는 어렵다. 높은 관리비용과 조세회피 가능성 때문이다. 다른 사람에게 많은 세금을 부과하여 사회에 필요한 재원을 조달하기는 매우 어렵다. 상속·증여세 역시 이전되는 소득에 대한 과세로서 행정비용과 효과를 감안하여 운용하는 것이 바람직하다.

행정비용과 효과를 이야기하는 정치인들은 드물다. 그건 나중 일이기 때문이다. 언제쯤 5년 뒤, 10년 뒤를 이야기할 참신한 정책입안자가 나올까?

부자증세2:
법인세, 심각하게 장단점 살펴야

증세를 논의함에 있어 법인세는 전문가와 일반인의 시각에서 큰 차이를 보인다. 일반 대중은 법인세가 직접 개인이 부담하지 않는다고 느끼기 때문에 세입확보 수단으로 긍정적으로 바라본다. 또한, 법인과 개인 간의 차이도 크게 인식하지 못한다.

먼저 법인세의 역할을 평가하기 위해서는 그 실질적 부담 주체를 이해해야 한다. 법인세 부과는 표면적으로 법인의 소유주인 주주가 그 부담을 지게 된다. 법인의 세후이익, 즉 주주에 대한 배당가능소득을 줄이기 때문이다. 그러나 법인은 배당가능소득 감소에 대응하여 생산품 가격, 고용 등을 조정할 수 있다.

혼자서 상품을 공급하는 독점법인이라면 배당가능소득 감소 부담을 가격 인상으로 소비자에게 넘길 수 있다. 생산품 가격 결정에서 독점법인의 영향력이 크기 때문이다. 생산품의 시장경쟁이 약한 분야 법인일수록 법인세 부담을 쉽게 소비자에게 넘길 수 있다.

법인은 세 부담을 근로자에게 넘길 수도 있다. 법인세 인상으로 줄어든 배당가능소득을 회복하기 위해 임금 또는 고용을 줄일 수 있기 때문이다. 임금 또는 고용의 조정 가능성은 고용시장 여건에 따라 달라진다. 노동시장의 추가 노동공급 여력이 높을수록, 즉 실업률이 높거나 입사경쟁이 치열할수록 근로자에게 부담을 넘기기 쉽다.

법인은 도망갈 구멍이 꽤 있다

법인세의 궁극적 부담 주체는 생산품의 시장경쟁 정도, 노동시장의 여유 정도 등에 따라 달라지므로 일률적으로 판단하기 어렵다. 특히 대규모 법인의 경우, 시장에서 상대적으로 우월적 지위에 있는 경우가 많고, 인력채용에서도 공급초과에 있는 경우가 많다. 이는 법인세 인상의 주요 대상인 대규모 법인들이 높아진 세 부담을 소비자 또는 근로자로 이동시킬 가능성이 큼을 의미한다.

법인과 개인의 구분도 명확히 할 필요가 있다. 대규모 법인과 고소득 개인은 엄연히 다른 경제 주체다. 법인은 개인 등의 투자자금을 모아 운영되는 법적 조직에 불과하다. 이에 따라 법인의 수익성 수준과 주주의 소득 수준은 연관성이 거의 없다. 이익이 많은 법인의 주주라고 모두 부자가 아니며 이익이 적은 법인 주주라고 모두 소득이 낮은 것은 아니라는 것이다. 개인들은 자신들의 투자의사 결정에 따라 자유롭게 투자대상 법인을 선택할 수 있다. 잘 알려진 고수익 대규모 법인의 경우, 오히려 평범한 소득 수준의 주주 비중이 높은 경우가 많다.* 부자증세를 위한 법인세율 인상은 고소득층보다 일반 국민을 대상으로 할 가능성이 크다.

따라서 법인세율 인상이 부자증세의 수단이라 주장하는 것은 잘못된 것이다. 법인세는 부자들을 대상으로 세금을 부과하기 위한 어떤 조건도 포함하고 있지 않기 때문이다. 단순히 법인의 이익에 과세할 뿐이다. 법인세 과세로 인한 이익 변화에도 그 원인이 주주의 이익감소인지, 소비자 가격의 빠른 인상인지 낮은 고용 또는 임금수준 변화인지 알지 못한다. 법인세율 인상의 부담은 개별 법인의 소유구조, 시장경쟁 상황, 고용 상황 등에 따라 다르게 나타난다. 이는 특정 계층에 대한 과세 수

---

* 조선일보, 「미워도, 삼성전자」··· 6만 전자 추락해도 올 들어 소액주주 43만 늘었다」, 2022.5.13. 이 기사에 따르면 삼성전자의 개인투자자 숫자는 546.6만 명(2022년 3월 말 기준)에 이른다.

단으로서의 법인세가 효과가 거의 없음을 보여 준다.

나라의 부담은 크고 실질 효과는 떨어져

반면 높은 법인세율로 인한 국가 경제적 부담은 상당하다. 유럽에서 가장 낮은 법인세율 12.5%를 부과하는 아일랜드의 경우, 애플, 구글 등 세계 10대 IT 기업들과 아스트라제네카 등 세계 10대 제약회사 중 9곳의 유럽본부가 위치한 것이 높은 법인세 정책의 반대적 효과가 나타난 가장 좋은 사례다. 이 나라는 2022년 1인당 GDP도 10만 달러에 달할 것으로 전망되었다.*

법인세의 상당 부분은 궁극적으로 소유주인 주주의 부담으로 이어진다. 주식가격 또는 배당소득의 하락으로 나타난다. 실제 세금 부담은 법인이익을 주주에게 배당할 때까지 미루어진다. 법인세는 주주의 투자소득이 소득세로 과세되기 전, 즉 법인 이익이 배분되기 전에 미리 과세하는 수단이다.

법인이익이 배분되고 나면, 개인투자자들에 대해 다른 소득들과 배당소득을 합산하여 누진 과세한다. 이때 법인 단계에서 부담한 세액은 일정 부분 공제된다. 이로 인해 법인세 수준과 관계없이 투자자의 총

---

* 매일경제신문, 「다국적기업 줄 섰다. 아일랜드 소득 10만 불 기적」, 2022.7.4.

부담은 개인소득세제에 의해 결정된다. 다시 말하자면 법인세는 '개인소득세의 중간적, 임시적 단계 과세'임을 보여주고 있다. 궁극적으로 법인세 부담은 개인의 소득세 부담에는 별다른 영향을 미치지 못하는 것이다.

법인세 부담은 부자를 대상으로 설정되어 있지도 않고, 최종적인 소득세 부담과는 큰 관계가 없다. 부자증세를 위해 법인세 증세를 주장하는 것은 대규모 법인을 고소득 개인으로 착각한 결과다. 또한, 법인세 인상이 개인소득세 부담 인상으로 이어진다는 잘못된 이해의 결과다.

토지초과이득세, 종합부동산세 집값 잡을 수 있나

우리나라는 집값을 안정시키기 위한 도구로써 세금을 많이 이용했다. 집 또는 토지 소유에 대해 세금을 부과함으로써 그 수요를 줄이는 정책이다. 세금 정책의 활용은 정치적인 지지를 확보하기에도 유리하다. 정책의 효과성 여부와 관계없이 비교적 소수인 많은 토지 또는 주택보유자에게 높은 세금을 부과하겠다는 것에 대해 반대하기 어렵기 때문이다.

구체적으로 부동산 가격이 급등하자 토지초과이득세를 1989년 제정하고 1990년 시행했다. 불필요하게 토지를 수요하는 것과 토지 소유가 편중되는 부작용을 막고, 토지가격을 안정시키며 효율적 토지 이용을 목표로 했다. 이 제도는 개인이 소유한 유휴토지나 법인의 비업무용 토지에서 발생하는 3년 단위 지가상승분의 30~50%를 세금으로 부과하는 제도다. 이 제도는 실현되지 않은 이익에 대한 과세로 1994년 헌법불합치로 결정되면서 더 이상 과세가 이루어지지 않다가 1998년 폐지되었다.[*] 그 이후 외환위기를 성공적으로 극복한 뒤에도 부동산가격이 급등하자 정부는 부동산 가격안정을 위해 2005년 종합부동산세를 도입했다. 종합부동산세는 인별[**] 합산 누진과세를 통해 토지 및 주택에 대한 수요를 줄이고자 한 제도로서 지금까지 운용되고 있다.

그러나 세금을 통한 집값 안정화 정책은 그리 효과적이지 않았다. 송경호·권성오(2020)[***]는 종합부동산세 세율을 조정한 2018년 9.13 부동산 종합대책의 효과성이 매우 작았음을 실증적으로 보여주었다. 구체적으로, 공시가격 6~9억 원인 주택의 가격상승률은 9.13 부동산 종합대책으로 약 0.92%p 낮아질 것으로 추정했으나, 대책 후에도 주택의 가격 상승률은 23.66%에 달하여 정책의 영향력은 미미했다.

세금 정책을 통한 집값 안정화가 그리 효과적이지 못한 것에는 몇

---

[*] 네이버 지식백과

[**] 도입 초기 인별 합산(2005.1.)에서 세대합산(2015.12.)으로 전환되었다가 헌법재판소 위헌 판정에 따라 인별 합산으로 재전환되었다.

[***] 「정부의 부동산 정책이 주택시장에 미친 영향 분석: 서울 주택시장, 8.2대책, 9.13대책을 중심으로」, 한국조세재정연구원, 2020.

가지 이유가 있다. 먼저 수요 축소에만 집중된 세금 정책이기 때문이다. 집값에는 수요뿐만 아니라 공급도 영향을 미친다. 그래서 두 가지 정책 수단을 함께 이용할 때 더욱 빠른 정책 효과를 기대할 수 있다. 수요 측 면만 바라본 세금 정책으로 빠른 효과를 거두기는 어렵다. 공급 정책으로 미래 가격상승에 대한 기대를 줄여야 단기적인 수요 쏠림을 완화할 수 있다.

두 번째는 수요관리 정책이 다주택자에게만 집중되었다는 것이다. 집에 대한 수요는 다주택자뿐만 아니라 무주택자도 존재하는데 그중 일부에 대해서만 수요관리 정책이 시행되었다. 즉, 전체 주택수요에는 다주택자의 투자목적 수요와 무주택자의 내 집 마련 수요가 함께 존재 한다. 다주택자의 투자목적 수요 비중이 절대적 다수를 차지하지 않는 다면 다주택자 대상 수요관리 정책으로 인한 가격안정 효과는 제한적 일 수밖에 없다. 오히려 집값이 불안정할 경우, 무주택자의 조기구매 수요가 더욱 강해질 수 있다. 다주택자에 대해서는 수요관리 정책으로, 무주택자에게는 공급확대로 대응했어야 했다.

다주택자는 수요관리, 무주택자는 공급확대로

세 번째는 1주택자에 대한 내 집 마련 우대조치가 광범위한 주택수 요를 뒷받침하고 있다는 것이다. 1주택자에 대한 양도소득세 비과세와 대출이자에 대한 소득공제 등은 무주택자의 주택수요를 지속시키는 요인이다. 이런 지원책은 안정적 거주환경 제공이라는 측면에서 정당화될 수 있지만, 지원수준에 대해서는 면밀하게 검토해 보아야 한다. 지나친 지원 정책은 민간의 자금을 부동산부문으로 쏠리게 하는 원인이기 때문이다. 민간자금이 생산적인 분야로 투자되지 않고 정부의 지원으로 높은 투자수익을 제공하는 부동산부문으로 집중될 수 있기 때문이다.

현재 우리나라는 1주택자에 대해 상당히 많은 조세지원을 함으로써, 다른 자산에 비해 주택의 투자수익률이 높게 형성되어 있다.[*] 그러므로 개인 입장에서는 가장 높은 수익을 제공하는 주택에 투자하는 것이 당연하다. 자본 마련의 어려움을 겪고 있는 무주택자의 잠재적 집구매 수요는 항상 높을 수밖에 없다. 이러한 잠재수요를 고려하지 않은 수요관리 정책은 그 효과를 발휘하기 어렵다.

1주택자에 대한 지원은 주택 수요관리를 위해 도입된 종합부동산세 정책에서도 그대로 나타나고 있다. 이로 인해 정부의 집값 안정화 대책은 주택수요의 상당 부분을 차지하는 무주택자 주택 수요관리에는 효과가 없다. 주택의 가격상승으로 이익이 예상되는 가운데, 양도소득 비과세, 보유세 부담인상 제한 등의 인센티브까지 추가되는 무주택자의 주택수요는 강하게 유지될 수밖에 없다. 집을 사면 이익이 되고 세금 혜택도 많으니 당연한 결과라 할 수 있다.

---

[*] 전병목·이철인, 『노동소득과 자산소득의 과세 형평성에 관한 연구』, 2019.

'똘똘한 한 채' 정책으로 변질

1주택자에 대한 높은 조세혜택은 서울, 강남 등과 같은 핵심지역의 집값을 더욱 올리는 요인으로 작용할 수 있다. 소위 '똘똘한 한 채' 현상이다. 1주택자에 대한 양도소득이 비과세되므로 더욱 높은 기대수익이 예상되는 핵심지역으로 수요가 집중되는 현상이다. 핵심지역으로의 수요 집중 및 그로 인한 가격상승은 집값 관리를 더욱 어렵게 한다. 다주택자에 대한 수요관리 효과가 작게 나타난 송경호·권성오(2020)[**]의 연구는 이를 잘 보여준다.

또한, 소득과 연계되지 않은 보유세 부담인상은 상당한 납세자 저항에 부딪힐 수밖에 없다. 집의 구매 결정 과정에서는 예상하기 어려운, 거시경제 상황의 변화로 인한 보유세의 급격한 인상이 소유자의 부담 능력을 벗어날 수 있기 때문이다. 납세자 저항은 초기 종합부동산세 부부합산 과세에 대한 위헌신청(2008년 위헌판결)으로 시작되었으며, 최근에도 높아진 세 부담을 반영하여 20대 대통령선거에서도 부동산 세 부담 완화에 대한 공약이 여야에서 함께 제시되었다.

한편 주택 공급 정책은 무주택자의 잠재수요를 낮출 수 있는 정책이다. 공급계획을 통해 미래 집값에 대한 불안감을 해소함으로써, 무주

[**] 송경호·권성오, 「정부의 부동산 정책이 주택시장에 미친 영향 분석: 서울 주택시장, 8.2대책, 9.13대책을 중심으로」, 한국조세재정연구원, 2020.

택자의 조기 구매 수요를 줄일 수 있기 때문이다. 공급 정책은 절대적인 공급량 증가를 통한 가격 하락 효과뿐만 아니라 수요 쏠림 현상을 완화시킬 수 있는 효과적인 정책이다. 집값 상승기의 가격안정화를 위해서는 꼭 포함되어야 할 방안이다.

우리나라는 인구의 고령화와 함께 경제활동인구 감소를 경험하고 있다. 주택에 대한 수요가 크게 늘어나기 어려운 구조다. 가구 분리, 인구이동에 따른 지역 간 인구와 주택 재고의 괴리, 미래 가격변화에 대한 불안감 등이 주요 불안요인이라 할 수 있다. 주택에 대한 투자수요는 기본적으로 임대수요의 뒷받침 없이는 유지될 수 없다.

집값 안정화를 위해서는 이러한 수요구조 변화에 맞는 공급 및 수요관리 정책이 중요하다. 집값 변동의 원인분석은 뒤로한 채 희생양을 찾고자 하는 다주택자 세금인상 정책은 사람들의 관심을 돌릴 수는 있지만, 해결책은 될 수 없다. 오히려 그 과정에서 국민들을 분열시키고 선량한 납세자들의 납세 의욕만 훼손할 뿐이다. 전형적인 세금 포퓰리즘 정책이 난무하면서 애꿎은 피해자가 늘었다.

정치에 속고 세금에 울고

선심 쓰는
'세무조사 면제'

세무조사는 납세자들의 조세 제도 순응을 유도하기 위한 제도다. 모든 납세자에게 공평한 과세를 실현하기 위한 것이다. 납세자가 스스로의 세 부담을 자발적으로 신고·납부하는 현대적 조세체계에서 신고의 신뢰성을 높이는 것은 매우 중요하다. 특히 「국세기본법」 제81조의3은 세무공무원으로 하여금 일반적으로* 납세자의 성실성과 신고서 등이 진실한 것으로 추정할 것을 요구하고 있다. 이러한 추정을 뒷받침할 수 있도록 납세자들의 성실신고를 유도하는 것이 세무조사다.

세무조사는 다시 신고의 적정성을 검증하기 위한 정기조사와 혐의 등에 근거한 세무조사 등으로 구분할 수 있다. 정기적인 세무조사로 성실도 분석 결과에서 불성실 혐의가 있다고 인정되는 경우, 최근 4과세기간** 이상 같은 세목의 세무조사를 받지 않은 납세자 중에서 업종, 규모, 경제력 규모 등을 고려하여 신고내용 적정성을 검증할 필요가 있는 경우, 그리고 무작위 표본추출 방식으로 표본조사를 하려는 경우에 이루어진다. 정기조사 외의 세무조사는 납세협력의무의 불이행, 사실과 다른 거래 혐의, 탈세 제보 등이 있을 경우 시행한다. 이러한 세무조사

---

* 납세협력의무를 이행치 않거나, 사실과 다른 거래 혐의, 탈세 제보 등의 사유가 있는 경우에는 제외한다.

** 과세기간은 통상 1년이지만 부가가치세는 6개월이다.

는 궁극적으로 납세자로 하여금 정직한 신고를 하도록 유도하는 것이 목적이다.

납세자의 성실신고 정도는 세무조사의 대상이 될 확률과 불성실신 고에 따른 비용, 즉 각종 추징금 크기에 따라 결정된다. 세무조사 대상 이 될 확률과 불성실신고에 대한 추징금이 클수록 성실신고 정도도 높 아지게 된다. 납세자들의 세무조사대상 선정 확률에 큰 영향을 미치는 요인은 세무조사 규모다. 세무조사 규모가 클수록 조사대상 선정확률 은 높아지고 관련 제도 운용비용은 높아지게 된다. 이는 개별 국가의 성실신고 정도에 따라 달라질 수밖에 없다.

우리나라의 세무조사 비율은 개인사업자의 경우 2020년 0.05%에 불과하다. 약 2,000명 납세자 중에 1명이 세무조사를 받고 있다. 이는 미 국의 2019 과세연도 개인 세무조사 비율 0.22%(1,000명 중 2명)에 비해 상 당히 낮은 수치로, 우리나라 사업소득자의 성실신고 정도가 미국보다 상당히 높아야만 이해될 수 있는 수준이다. 그러나 우리나라 납세자가 미국 납세자보다 더 성실히 신고한다는 증거는 없다. 특히 우리나라 세 무조사 비율에는 2020년 기준 1,950만 명에 달하는 근로소득 연말정산 자를 포함하고 있지 않다. 근로 소득자를 포함한 전체 개인소득자를 기 준으로 한다면 세무조사 비율은 더욱 낮아지게 된다.

우리나라 개인소득자의 경우 미국과 비교하면 세무조사를 통해 부 과한 세액이 크게 나타난다. 2020년 기준 우리나라 개인소득자의 세무조사당 평균 부과세액은 2.7억 원으로 미국의 1.2만 달러에 비해 매우 높은 수준이다. 우리나라의 세무조사가 보다 추징세액 관점에서 운용되거나, 납세자들의 성실성이 낮을 수 있음을 보여 준다. 반면 법인소득자의 경우 8.9억 원으로 미국의 146.7만 달러에 비해 낮은데, 이는 소득 및 법인 규모 차이로 볼 수 있다.

<표 1-4> 한국과 미국의 세무조사 비율

(단위: %, 백만 원, 천 달러)

	한국(소득귀속연도)						미국(과세연도)			
	2015	2016	2017	2018	2019	2020	2016	2017	2018	2019
개인 사업자 (개인 소득세)	0.08	0.09	0.08	0.07	0.07	0.05	0.52	0.46	0.32	0.22
법인 사업자 (법인 소득세)	0.89	0.81	0.71	0.62	0.56	0.46	0.88	0.62	0.53	2.90

*주: 한국의 세무조사 비율은 신고 인원 대비 당해 완료 조사 인원(법인의 경우 가동법인 대비 조사법인) 비율이며 미국의 경우 과세연도 기준으로 세무조사 중인 건수도 포함한다.

출처: 전병목 외, 「중장기 조세 정책 운용계획 수립사업」, 기획재정부·한국조세재정연구원, 2022.

<표 1-5> 세무조사당 평균 부과세액(2020)

(단위: 백만 원, 천 달러)

	한국		미국(2021 회계연도)	
	개인소득세	법인소득세	개인소득세	법인소득세
평균 부과세액	268	887	12.3	1,466.8

출처: 국세청, 국세통계연보(13-1, 13-3), 2021.
전병목 외, 「중장기 조세 정책 운용계획 수립사업」, 기획재정부·한국조세재정연구원, 2022.

낮은 세무조사 비율은 세무조사 성실신고를 유도하기 위한 정책이 아닌 경제지원을 목적으로 활용하고 있기 때문이다. 최근 국세청 보도

자료*에 따르면 민생경제 지원 목적의 신중한 세무조사를 정책 방향으로 제시하고 있다. 최근의 경제위기 상황을 감안한 것으로 이해될 수 있지만, 과거 국세청 보도자료**에서도 비슷한 정책 기조를 확인할 수 있다.

봐주기 정책이 가져오는 '성실신고 회피'

세무조사를 경제 정책의 수단으로 활용하는 것은 본래 목적인 납세자들의 성실신고 유인을 높이는 데 장애요인이 될 수 있다. 즉, 경제 상황이 어려울 때 또는 취약 계층에 대해 세무조사를 면제해 줌으로써, 사회적으로 경제 상황에 따라 탈세 등의 행위를 용인한다는 인상을 주기 때문이다. 이러한 세무조사 정책은 성실 세무신고에 대한 도덕적, 법률적 의식을 낮추어 신뢰라는 사회적 자본을 파괴한다.

또 취약 기업 또는 취약 계층들이 탈세에 의존하여 사업 및 생활을 영위하도록 하여, 자연스러운 기업구조조정과 노동력 이동을 방해할 수도 있다. 이런 문제점을 해소하기 위해서는 사전적으로 설정한 세무조사 비율 수준으로 빠르게 돌아가는 것이 중요하다. 일시적인 경제 상

---

* 국세청 보도자료, 「민생경제 지원 및 신중한 세무조사 운영을 통한 경제위기 극복 뒷받침」, 2022.7.22.
** 국세청 보도자료, 「성실납세 지원, 공평·준법 세정으로 국민신뢰 확보-신고도움 서비스 확대, 비정기조사 축소, 사후검증 최소화, 납세자권리헌장 개정 등-」, 2017.1.18.

정치에 속고 세금에 울고

황 악화에 따른 세무조사 비용 부담을 고려하여 세무조사 비율을 낮출 수는 있지만, 정상적인 상황으로의 빠른 회복이 중요하다.

우리나라 세무조사의 건당 부과세액이 높은 것도 납세 성실도 향상에는 큰 도움이 되지 않을 수 있다. 건당 부과세액이 높은 것은 세무조사 대상을 고소득 납세자, 즉 탈세혐의가 높은 계층으로 한정하여 실시하였기 때문이다. 이는 세무조사가 갖는 전반적인 납세자의 성실신고를 유도하기에는 한계가 많다. 세무조사를 통한 부과세액이 높지 않은 소규모 사업자 또는 사업체 등은 상대적으로 세무조사의 부담에서 벗어나 있어 성실신고의 유인이 어려워진다.

기대 부과세액이 높은 납세자를 대상으로 한 세무조사 정책은 장기적으로 세무조사의 기능에 대한 납세자의 착각을 유발할 수도 있다. 세금 성실신고가 고소득자 또는 고소득 기업에 한정된 의무로 이해하는 것이다. 예를 들어 길거리 주차가 불법이지만 많은 사람이 지키지 않으면 이에 대한 죄의식도 약화되는 것과 유사하다. 국가의 살림살이를 지탱하는 납세의무는 모두가 성실하게 이행하여야 한다. 이러한 의식을 키워 나가기 위해서는 세무조사의 비율도 적절한 수준으로 유지하고, 조사 대상도 편중되지 않게 선정되어야 한다. 모든 납세자가 세무조사 대상이 될 가능성이 생기면 납세 성실도도 함께 높아질 것이다.

세무조사를 위한 행정관청의 납세자 비용을 낮추는 정책도 중요하다. 전통적인 대면조사와 함께 비용이 낮고 성실신고를 유도할 수 있는 서면조사 등도 적극적으로 활용할 필요가 있다. 낮은 비용의 서면조사 활성화를 통해 상대적으로 낮은 대면조사 비율의 문제점을 극복할 수 있다. 미국의 사례도 비교적 내용이 단순한 개인소득자에 대해 서면조사를 많이 활용하고 있음을 보여 준다.

세무조사의 면제는 납세의식 저하라는 대가를 바탕으로 세무조사 대상자들의 부담을 덜어 주는 행위다. 세무조사 비용을 낮출 수 있는 대안이 존재하는 상황이므로 세무조사 제도는 성실납세 유도라는 제도 도입 목적에 중점을 둘 필요가 있다. 어려운 경제 주체에 대한 지원은 다른 정책들로도 충분히 수행할 수 있기 때문이다.

정치에 속고 세금에 울고

세금 포퓰리즘의 사례

주요 정책	표면적 주장	숨겨진 문제
저소득자에 대한 감세	- 저소득자 세 부담 축소	- 세 부담 감소 폭 작음 - 중상위소득자 세 부담 큰 감소 가능 - 면세자 증가로 소득세 위축, 결정의 왜곡 가능성 증가
부자증세 1 (부유세와 상속증여세 강화)	- 자산 및 소득 격차 완화 - 고소득층 세 부담으로 재원 조달	- 다양한 세 부담 회피 노력으로 고자산가와 중상위 자산가 간, 개인과 기업소유자 간 등 세 부담 형평성 문제 - 해외 및 비상장 자산 등 평가 어려움 - 금융 등 정보파악 및 관리에 큰 비용 소요 - 소득과의 괴리로 소규모 재원 조달 가능 - 상속세 부과 방식은 개인소득과 불일치하여 형평성 문제 내포
부자증세 2 (법인세 인상)	- 이익 많은 법인(대규모 법인)은 고소득자이므로 세 부담 인상	- 이익 많은 법인(대규모 법인) 주주라고 고소득자 아님. 오히려 소득 낮은 소액주주가 중소기업보다 많이 분포. - 법인세는 개인소득세 중간단계 과세이므로 이의 인상이 개인소득세 증가로 이어지지 않음 - 대규모 법인은 인상된 세 부담을 소비자와 근로자에게 전가할 능력 상당 - 법인세 인상은 오히려 법인활동 위축으로 인한 일자리 감소 유발 가능
집값 잡기 (토지초과이득세, 종부세 인상)	- 다주택자 세금 인상으로 집값 안정과 세수 확보	- 다주택자 대상 수요 조정 정책으로 큰 가격안정 효과 기대 어려움 - 무주택자에 대한 지원을 축소하기 어려운 상황에서 공급대책 등이 병행되어야 집값 안정 가능 - 주택보유 숫자와 소득 연계성이 낮아 부담능력에 맞지 않는 세 부담 부과로 납세자 저항 높음
경제지원 정책 (세무조사 축소)	- 세무조사 축소로 사업자, 기업의 부담 축소	- 세무조사 축소로 인해 탈세를 허용하는 잘못된 신호 제공 가능성 - 경기 상황에 따른 중소기업, 영세사업자에 대한 세무조사 면제는 건전한 구조조정 저해 - 탈세는 허용치 않고 세무조사 받는 비용을 줄이는 방안이 바람직
경제지원 정책 (조세 감면)	- 특정 목적을 위해 세금 부담 축소	- 지원대상 선별에 효과적인 재정지출에 비해 열세에 있는 정책 수단 - 세법개정이 필요하여 상황 변화에 대한 대처 어려움 - 이해당사자들의 로비에 취약

제2장

세금,
왜 불만인가?

남보다 많이 내고,
낸 것보다 덜 받는다

「헌법」 제38조에 따라 '모든 국민은 법률이 정하는 바에 의하여 납세의 의무를 진다'. 그러나 2011년 경제인문사회연구회가 실시한 여론조사에서 '국민의 4대 의무' 중 공정사회를 구현하기 위해서 개선이 가장 필요한 분야로 절반에 가까운 국민이 '납세 의무'라고 응답했다. 독자 여러분도 그렇다고 생각하시는지 궁금하다.

이러한 설문 결과는 현재 우리나라에서 조세 정의가 잘 실현되고 있지 않다는 우려와 더불어 앞으로 보다 공정한 조세 제도가 되기 위한 정책적 노력이 필요하다는 기대가 동시에 반영된 것으로 보인다.

<그림 2-1> 2011년 경제인문사회연구회의 '4대 의무 중 공정 사회 구현을 위해 개선이 가장 필요한 분야'에 대한 여론조사 결과

한편, 세금과 관련한 국민인식의 대표적인 특징으로 '눔프(NOOMP, Not Out Of My Pocket)' 현상을 들 수 있다. 지금보다 복지가 더 확대되어야 한다고 생각하지만 내 주머니에서 돈이 나가는 것은 안된다는 의미의 신조어다. 국회예산정책처가 발간하는 학술지 『예산정책연구』 2021년 6월호에 발표된 「한국인의 복지 및 기본소득 관련 증세 태도 연구」에서 2,502명을 4개 그룹으로 구분해 실시한 모의실험 결과를 보면, 복지확대와 이를 위한 증세에 찬성하는 국민이 각각 50.2%, 59.5%로 모두 절반을 넘었지만, 자신들이 아닌 부자와 기업이 내는 세금을 늘리는 것을 선호하는 '눔프' 현상이 심각한 것으로 나타났다.

눔프 현상의 심화, 대책은 없나

이 같은 국민의 세금에 대한 부정적인 태도와 눔프 현상을 이해하기 위해서는 납세자들의 세금에 대한 인식을 자세하게 살펴볼 필요가 있다.

우선 한국조세재정연구원이 실시했던 다섯 차례(2001년, 2008년, 2010년, 2012년, 2015년)의 '납세자 의식조사 결과'(〈표 2-1〉 참조)에서 나타난 세금에 대한 이해도를 보면 국민의 절반 이상이 각종 세금에 대해 잘 모르거나 전혀 모른다. 세금을 정직하게 납부하고 있지 않은 것 같다고 느끼는 국민도 절반이 넘었다.

또 세금을 국민의 기본의무로 인식하는 국민도 많았지만, 세금을 납부할 때 빼앗기는 기분이 들거나 가능한 한 줄여야 한다고 생각하는 국민의 수도 적지 않았다. 적발될 가능성이 전혀 없다면 세금납부를 회피하겠다(예를 들면 '현금으로 지불하면 부가가치세 10%에 상당하는 가격할인을 해 주겠다는 판매자의 제의를 받아들이겠는가?')는 국민이 절반이 넘는 데 반해, 부정직한 세금 납부에 대한 사회적 지탄이나 처벌은 매우 부족하다고 인식하고 있다.

특히 자신보다 경제적 능력이 높은 사람들이 더 많은 세금을 부담하고 있는지(수직적 형평성)에 대해서는 80% 이상이 그렇지 않다고 인식하고 있는 데 반해, 경제적 능력이 비슷한 사람들과 비교해 본인의 세금 부담 수준이 어떤지(수평적 형평성)에 대해서는 더 많이 부담하는 것 같다고 느끼는 국민이 많았다. 그리고 본인이 납부한 세금과 비교해 정부로부터 받은 혜택 수준이 어떤지(교환의 형평성)에 대해서는 60% 이상이 낸 만큼 돌려받지 못하고 있다고 답했다.

<표 2-1> 한국조세재정연구원의 납세자 의식조사 결과

① 각종 세금에 대해 얼마나 알고 있는가?			
연도/구분	매우 잘 안다	대체로 잘 안다	잘 모른다	전혀 모른다
2001년	4.4	32.1	53.1	10.4
2008년	1.4	33.5	55.1	10.1
2010년	2.3	34.8	55.5	7.4
2012년	2.6	46.0	47.8	3.5
2015년	2.2	39.3	56.8	1.7

② 대부분 국민이 세금을 정직하게 납부하고 있는가?

연도/구분	매우 그렇다	대체로 그렇다	그렇지 않다	전혀 그렇지 않다
2012년	5.3	43.1	45.5	6.0
2015년	3.2	45.3	41.5	10.0

③ 각종 세금을 납부할 때 어떤 생각이 드는가?

연도/구분	국민 기본의무	탈세는 범죄	가능한 줄여야	빼앗기는 기분
2001년	34.9		44.8	20.3
2008년	47.1	4.0	38.2	10.7
2010년	47.7	4.5	39.9	7.7
2012년	64.8	6.3	24.6	6.2
2015년	40.6	6.4	42.7	10.2

④ 적발될 가능성이 전혀 없다면 세금납부를 회피할 의향이 있는가?

연도/구분	매우 그렇다	대체로 그렇다	그렇지 않다	전혀 그렇지 않다
2012년	4.7	34.9	49.8	10.6
2015년	7.4	36.7	42.0	14.0

⑤ 부정직한 세금 납부에 대해 충분한 사회적 지탄이나 처벌이 행해지고 있나?

연도/구분	매우 그렇다	대체로 그렇다	그렇지 않다	전혀 그렇지 않다
2012년	2.1	13.1	65.6	19.2
2015년	2.5	12.1	57.3	28.1

⑥ 경제적 능력이 높은 사람들이 더 많은 세금을 부담하고 있는가?

연도/구분	매우 그렇다	대체로 그렇다	그렇지 않다	전혀 그렇지 않다
2015년	3.2	14.6	45.5	36.6

⑦ 경제적 능력과 비슷한 사람들과 비교해 본인의 세금 부담 수준이 어떤가?

연도/구분	매우 높다	대체로 높다	비슷한 수준	대체로 낮다	매우 낮다
2008년	41.3		52.0	6.7	
2010년	6.5	32.4	51.2	5.4	2.3

정치에 속고 세금에 울고

2012년	4.9	36.0	54.4	2.7	1.9
2015년	5.5	32.4	58.5	3.2	0.7

⑧ 본인이 납부한 세금과 비교한 정부로부터 받은 혜택 수준이 어떤가?

연도/구분	매우 높다	대체로 높다	비슷한 수준	대체로 낮다	매우 낮다
2008년	6.1		20.1	73.3	
2010년	1.2	5.1	26.1	41.2	24.7
2012년	0.8	3.6	31.7	40.5	23.4
2015년	0.2	3.6	26.3	48.7	21.2

한편, 최신 자료인 한국조세재정연구원의 3~12차 '재정패널조사 결과'(〈그림 2-2〉 참조)에서도 납세자들은 비슷한 소득 수준의 남들보다 세금을 더 많이 내고 있고, 납부한 세금에 비해 복지혜택은 작다고 느끼고 있다. 이는 눔프가 일시적인 현상이 아니라는 것을 시사한다.

또한, 대부분 납세자는 추가납부 의향이 없고, 있더라도 추가납부 규모는 5% 미만이었으며, 최근 추가납부 의향이 더욱 감소하고 있다. 이처럼 본인과 관련 없는 기업이나 고소득층의 납부 추가 증세를 선호하는 눔프 현상이 심각하게 나타나는데, 최근에는 그중에서도 대기업보다 고소득자 대상 추가 증세를 선호하는 경향이 강해지고 있다.

<그림 2-2> 한국조세재정연구원의 재정패널 조사 결과

■ 매우 높은 수준　■ 약간 높은 수준　■ 적당한 수준　■ 약간 낮은 수준　■ 매우 낮은 수준

[소득 유사 그룹 대비 본인 세 부담 평가]

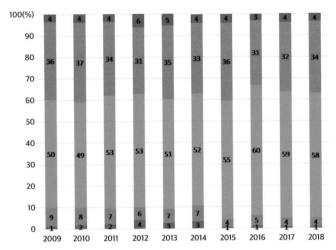

[본인 납부 세금 대비 정부 혜택 평가]

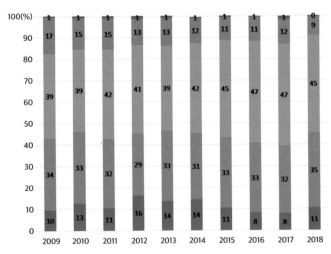

정치에 속고 세금에 울고

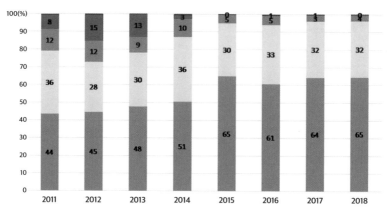

【증세 불가피 시 세금 추가 부담 의향】

■ 추가 부담할 의향이 없음　　　　　　■ 현재 세금의 5% 미만 추가 부담 의향
■ 현재 세금의 5~10% 추가 부담 의향　　■ 현재 세금의 10~15% 추가 부담 의향
■ 현재 세금의 15% 이상 추가 부담 의향

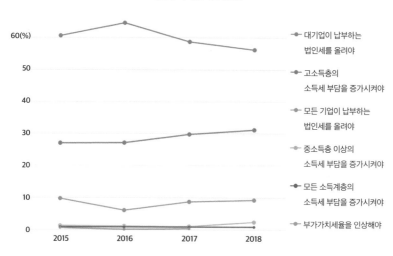

【증세 시 바람직한 방법】

증세로 복지재원 조달?
세대별로 생각 달라

세금 문제는 갈수록 정치 쟁점화되고 있다. 본래 조세 정책은 단순히 객관적 합리성이나 경제적 효율성의 영역이라기보다는 오히려 복잡다단한 정치적 영역에 가깝다. 노무현 정부가 도입한 종합부동산세는 세금 폭탄 논쟁으로 이어졌고, 이명박 정부가 추진한 감세 정책 역시 임기 내내 부자감세라는 비판에 직면했다. 증세 없는 복지를 내세운 박근혜 정부에선 오히려 서민증세 논쟁이 더 격화되었다. 촛불혁명 중에 등장한 문재인 정부는 집권 첫해인 2017년에 제시한 소득세 및 법인세 최고세율 인상안으로 증세 논쟁을 불러일으켰다. 이후에도 문재인 정부의 종합부동산세를 비롯한 부동산 보유세 강화 등 세금 폭탄 논란과 윤석열 정부가 추진 중인 법인세, 종합부동산세에 대한 부자감세 논란 등 '피'(혈세)와 '폭탄'(세금 폭탄)으로 대변되는 세금을 둘러싼 논란이 반복되고 있다.

제로섬 게임의 연속... 어떻게 해결할 것인가?

과연 세금 이슈는 '누가 더 낼 것인가' 또는 '누가 덜 낼 것인가'라는 제로섬 게임 양상에서 벗어날 수는 없는 것인가? 케인스와 더불어 20세기 전반의 대표적 경제학자였던 조지프 슘페터(Joseph A. Schumpeter)의 "조세는 현대국가 탄생을 가능하게 하고 형성을 촉진하는 핵심요인이며, 조세 정책 연구야말로 한 사회의 정치적 삶을 이해하는 가장 좋은 출발점이다"라는 명언을 되새겨 보아야만 한다. 또한, 현대 민주주의 정치 체제에서 국가 정책은 언론과 여론이라는 공론장에서 벌어지는 토론과 논쟁의 과정을 거친다. 이에 매우 드물지만 한국갤럽이 세금에 대해 여론 조사한 결과를 통해 조세 정책을 둘러싼 논쟁과 당시의 여론을 분석해 향후 조세개혁에 대한 시사점을 찾아보자.

우선 '증세 없는 복지'를 공약으로 내세웠던 박근혜 정부 시절 기초연금, 공적연금 등의 지출 증가로 전체 예산에서 보건·복지·노동 분야가 차지하는 비중이 사상 처음으로 30%를 넘게 되자 담뱃세, 주민세, 자동차세 인상을 추진하면서 '서민 증세', '우회 증세' 논란이 일었다.

한국갤럽은 2014년 9월 전국 성인 1,001명에게 현 정부의 경제 정책이 '경제 성장'과 '복지' 중 어느 것에 더 비중을 둬야 한다고 생각하는지를 물었다. 우리 국민의 55%는 '경제 성장', 38%는 '복지'를 답했다. 2030 세대의 약 60%는 '복지'에 더 비중을 둬야 한다는 입장인 반면, 40대 이상은 '경제 성장'을 우선해야 한다는 의견이 60%를 넘었다. 지지 정당별로 보면, 새누리당 지지층(447명)은 74%가 '경제 성장'을 중시했고, 새정치민주연합 지지층(217명)은 '복지(56%)'를 '경제 성장(40%)'보다 좀 더 우선시했으며 지지 정당이 없는 무당층은 '경제 성장' 45%, '복지' 46%로 양분됐다.

이처럼 정부 경제 정책은 '복지'보다 '경제 성장'에 더 비중을 둬야 한다는 의견이 우세했지만, 현재 경제 수준 대비 우리나라의 복지 수준에 대해 우리 국민의 54%는 '낮은 편', 36%는 '높은 편'으로 평가했다. 1998년 조사에서 우리 국민의 90%가 '경제 수준 대비 복지 수준이 낮다'고 답한 것에 비하면, 어찌 됐든 16년 전보다는 복지 수준이 나아졌다고 할 수 있을 것이다.

'증세 없이 복지를 늘리는 것'에 대해 우리 국민의 65%는 '가능하지 않다', 29%는 '가능하다'고 보며, 6%는 의견을 유보했다. 성, 연령, 지역, 지지정당, 직업 등 모든 응답자 특성에서 '가능하지 않다'는 응답이 더 많았으며, 특히 고연령일수록 그 비율이 높았다(20대 52%; 60세 이상 71%). 증세와 복지 수준 향상에 대해 물은 결과에서는 '세금을 더 내더라도 현행보다 복지 수준을 높여야 한다' 45%, '세금을 더 내야 한다면 현행 복지 수준을 유지하는 것이 낫다' 47%로 입장이 양분됐다.

2030 세대는 '세금을 더 내더라도 복지 수준 향상'이 약 55%, 50대 이상은 '세금을 더 내야 한다면 현행 유지'에 약 55%가 공감했으나 각각의 반대 입장 또한 적지 않았다. 40대는 의견이 양분됐다('세금 더 내더라도 복지 수준 높여야' 47%, '현행 유지' 43%).

결국 2030 세대는 현행 복지 수준이 낮다고 생각하며, 정부 경제 정책 역시 경제 성장보다 복지를 우선해야 한다고 보면서도 복지 확대를 위해서는 세금 부담 의향도 어느 정도 있다고 해석할 수 있다. 반대로

정치에 속고 세금에 울고

5060 세대는 현행 복지 수준도 나쁘지 않다고 평가하며 정부는 경제 성장에 더 집중해야 한다는 의견이다. 그리고 복지를 위한 세금 부담에는 반대 입장이 우세하다. 현재 경제 활동의 중심축인 40대는 2030만큼이나 복지 수준이 낮다고 보지만 당장은 복지보다 경제 성장이 우선이라고 보며, 복지를 위한 세금 부담에 대해서는 찬반 입장이 갈렸다.

한편, 우리나라를 방문한 프랑스 경제학자 토마 피케티가 촉발한 '부의 불평등(빈부 격차)' 문제 또한 화제가 됐다. 저서 『21세기 자본』으로 "마르크스보다 크다"(Bigger than Marx)는 평가까지 받은 토마 피케티 파리경제대 교수는 복지와 증세 논쟁으로 뜨거운 한국 사회를 향해 "불평등이 서유럽·일본보다 심하다"며 "누진세 부과가 더 낫다"고 충고했다. 이 때문에 수면 아래 잠복해 있던 각종 문제가 쏟아져 나오기도 했다. 빈부 격차 문제의 심각성, 빈곤의 원인, 빈부 격차 해소를 위한 과세 등에 대한 인식을 한국갤럽의 설문조사 결과를 통해 살펴보기로 한다.

한국갤럽이 2014년 9월 23~25일(3일간) 전국 성인 1,001명에게 현재 우리나라의 빈부 격차가 얼마나 심각한 문제라고 보는지 물은 결과, '매우 심각하다' 56%, '어느 정도 심각하다' 30%로 한국인 10명 중 9명(86%)이 '심각하다'고 봤으며 12%는 '(전혀+별로) 심각하지 않다'고 답했다.

우리 사회 빈부 격차 문제에 대해서 1985년에도 한국인의 85%가 '심각하다'고 답한 바 있고, 1999년에도 그 비율이 93%로 나타나 지난

30년간 큰 변화는 없었다. 단, IMF 구제금융 시기였던 1999년에는 '매우 심각하다'는 응답이 76%에 달해 당시 경제 상황의 어려움이 반영됐다. 성, 연령, 지역, 직업 등 모든 응답자 특성별로 빈부 격차 문제가 심각하다고 보는 입장이 우세하며, 특히 생활 수준이 낮을수록 그 정도가 강했다('매우 심각하다' 답변자 비율-고소득층·중산층 43%, 저소득층 65%).

빈곤의 원인에 대해서는 '노력해도 환경 때문에 어쩔 수 없다' 65%, '자신의 노력 부족 때문에 가난한 경우가 더 많다'는 응답이 30%였다. 1990년 조사에서 '환경' 52%, '개인 노력 부족' 38%였던 것과 비교하면 지난 사반세기 동안 환경, 즉 사회 구조적 문제를 빈곤의 원인으로 보는 시각이 늘었다.

전 세대에서 대체로 빈곤의 원인이 '환경'에 있다고 보는 입장이 우세했고, 특히 2040세대는 70% 내외가 그렇게 봤다. 반면, '개인 노력 부족' 때문이라는 응답은 40대에서 22%로 가장 적었고 5060세대에서는 상대적으로 많은 약 40%로 나타났다. 이는 젊은이들은 개인의 경제 상황을 평가할 때 부모의 재력이나 가정환경을 중시하지만, 나이가 들수록 스스로의 노력과 책임이 차지하는 비중을 더 크게 본다는 것을 의미한다.

또한, '만약 빈부 격차를 줄이기 위해 세금을 현재보다 두 배 이상 내야 한다면 받아들이겠는가?' 하는 질문에 75%는 '받아들일 수 없다', 22%는 '받아들이겠다'고 답했다. 1990년 조사에서 두 배 이상 세금을

'낼 수 없다' 63%, '부담하겠다' 26%였던 것과 비교하면, 반대 의견이 12%p 늘었다. 다시 말해 빈부 격차 심각성에 대해서는 과거와 현재가 크게 다르지 않지만, 그 문제 해결을 위해 세금을 더 내는 등 개인의 희생을 감내하겠다는 사람은 감소했다.

그러나 부자들에게 세금을 두 배 이상 내게 하는 것에 대해서는 76%가 찬성, 21%만 반대했다. 즉, 빈부 격차 문제는 본인을 포함한 전 국민이 공동 분담으로 해결할 사안이 아니라 다른 이와 나눌 만한 부가 있는 사람들의 몫으로 본 것이다.

토마 피케티는 빈부 격차, 부의 불평등을 해소하기 위해 소득 상위 1% 부자들에게 최고 80%에 달하는 세금을 부과하자는 주장으로 화제가 됐다. 이러한 누진적 부유세 주장에 대해서는 우리나라뿐 아니라 세계 각국에서도 찬반 격론이 벌어졌다. 우리 국민 역시 찬성 47%, 반대 46%로 찬반이 양분된 것으로 나타났다. '부자에게 두 배 이상 과세'에 대해서는 찬성이 76%였던 것에 비하면 의외의 결과인데, 부자증세에는 찬성하지만 '소득 상위 1%, 80% 과세'라는 조건은 지나치다고 본 것이다.

잦은 세법개정이
조세 불만 불러와

우리나라 정부는 매년 세금부과, 징수 등에 대한 조정을 위해 세법개정 안을 발표하고 있다. 다음 연도 정부지출 결정에 필요한 수입부문의 결정과 함께 다양한 이유로 제도를 바꾸고 있다. 세금 제도의 변경은 그 자체로 장단점이 있다. 생활 방식의 변화, 새로운 거래 유형의 등장, 기존 제도의 허점 등에 대응한다는 점에서는 꼭 필요한 과정이다. 예를 들어 최근 등장한 비트코인 등 가상자산 관련 거래 및 소득에 대한 세금부과 노력은 타당한 제도 변경의 이유가 될 수 있다.

그러나 세금 제도의 변경은 그 비용이 상당하다. 세금 제도는 사람과 기업의 행동방식을 결정하기 때문이다. 세금 제도의 변경은 이들의 행동방식의 변경을 유발하고 이는 사람과 기업에게 비용이 된다. 또한, 잦은 제도 변경은 사람과 기업의 의사결정을 어렵게 한다. 제도가 어떻게 변화할지 모르기 때문이다. 경제 활동을 위한 결정들을 적절한 시기에 내리기 어렵게 하거나, 이를 결정하기 위한 추가적 비용 지출을 요구한다. 이는 궁극적으로 세금 제도에 대한 신뢰성을 낮추게 된다.

잦은 세금 제도 변경의 폐해로 들 수 있는 사례는 부동산 관련 양도소득세다. 양도소득세를 집값 안정화 또는 경기부양의 수단으로 빈번하게 활용하였기 때문이다. 이에 따라 양도소득세는 매우 복잡해졌고,

'양포세(양도세 포기한 세무사)'라는 용어도 탄생했다. 즉, 세금서비스를 제공하는 세무사조차도 너무 복잡한 양도소득세를 파악하기 어려워 관련 서비스를 제공치 못하는 경우가 있다는 것이다. 상당 기간 보유 이후 처분하는 부동산 양도소득세의 경우, 취득시점·보유기간·거주기간·소재지역·처분시점·신규주택과 종전주택 여부 등 매우 다양한 조건에 따라 달라지기 때문이다. 제도의 복잡성은 국세청의 다양한 책자발간 노력에서도 확인할 수 있다. 이처럼 '양도소득세 100문 100답', '양도소득세 월간 질의 TOP 10' 등 국세청이 각종 자료를 통해 관련 정보를 제공함에도 앞서 말했듯 세무사조차 이를 정확히 이해하기 어렵다 말하는 것이 현실이다.

그럼 왜 세금 제도가 자주 바뀌고 복잡해졌을까? 재원 조달 이외의 다른 정책 목적으로 활용했기 때문이다. 예를 들어 부동산 양도소득세는 가격안정화를 위해 이용되었으며, 제도의 효과성보다는 일을 하고 있다는 것을 보여주기 위한 목적으로 이용되었다. 이런 정부 대응은 부동산 가격의 상승기마다 반복되었다. 결국 시간이 지남에 따라 전문가조차도 알기 어려운 제도로 바뀌었다. 세금 정책이 다른 정책 목표 달성에 효과적일 수 있다면 활용할 수 있다. 하지만 복잡하고 자주 바뀌는 제도는 과세당국과 납세자들에게 많은 적용비용을 발생시킨다. 복잡한 제도는 불투명한 운영으로 보일 수 있어 제도의 신뢰성까지 손상할 수 있다. 이는 제도 변경 시 고려되지 못한 비용이다.

건수 위주의 성과 과시 피해 수두룩

두 번째 이유는 건수 위주의 성과문화 때문이다. 공무원사회를 포함한 모든 경제·사회 영역에서 성과가 중요한 목표로 자리 잡고 있다. 세금 정책을 입안하는 공무원사회에서도 성과를 기반으로 개인을 평가하고 있다. 성과중심의 업적평가는 바람직하다. 제도 시행의 목적을 반영하기 때문이다. 이에 따라 성과를 객관적으로 잘 측정할 수 있어야 한다.

그러나 성과측정에서 수량적 결과는 객관적 측정이 가능하지만, 품질에 대한 객관적 측정은 매우 어렵다. 이런 현실에서는 수량적 지표 중심의 성과평가가 중요한 역할을 한다. 이러한 이유로 세금 정책에서도 성과평가를 잘 받기 위해 매년 많은 건수의 세법개정을 추진하고 있는 것으로 보인다.

우리나라 정부 세법개정안의 개정 항목 수는 이러한 경향을 잘 보여주고 있다. 매년 200건 이상의 많은 개정 항목 수를 확인할 수 있는데, 그중 세법개정 항목 수는 꾸준하게 유지되고 있다. 이러한 제도 변화는 매년 누적되어 복잡하고 비용이 많이 드는 구조를 유발한다.

<表 2-2> 정부 세법개정안 개정 항목 수 추이

	2018	2019	2020	2021	2022
항목 수	246	229	229	288	247

*주: 각 연도 세법개정안(상세본)의 항목 수 기준

출처: 기획재정부, 세법개정안(세제개편안), 2018, 2019, 2020, 2021, 2022.

매년 반복되는 세법개정 내용은 대폭 축소할 필요가 있다. 이를 위해서는 다른 정책 목적의 수행 도구로써 세금 제도를 활용하는 것을 줄여야 한다. 이를 위해 세금 정책이 그 정책 목적 달성에 효과적인 수단인지 면밀한 검토가 선행되어야 한다. 또한, 건수 위주의 성과도출을 위한 변화도 줄여야 한다. 이는 정부 내부의 성과측정 방식의 변화를 통해 이루어질 수 있다.

세금 제도는 되도록 단순하고 지키기 쉬워야 한다. 기꺼이 세금을 부담하는 납세자들에게 또 다른 비용을 유발하지 않아야 한다. 과도한 목표 추구로 인한 신중하지 못한 제도 변화는 '양포세'처럼 사회적 비용만 유발하고 정부 신뢰도도 훼손할 것이다.

세금 불만 해소한
성공적인 조세개혁 사례

우선 국내 사례로는 백성의 삶을 헤아린, 조선시대 최고의 세제개혁으로 평가받는 '대동법(大同法)'의 시행과 안정적인 세입기반을 확충하면서도 근거과세로 세정비리를 근원적으로 해소할 수 있는 토대를 마련했던 1977년 '부가가치세(附加價値稅)' 도입을 들 수 있다.

대동법, 균공애민 정신의 실천

조선 최고의 세제개혁이자 민생 정책이었던 대동법의 시행에는 100년의 세월이 필요했다. 임진왜란과 병자호란을 겪은 조선의 백성들은 기근과 전염병으로 고통받고 있었는데, 그중에서도 백성들을 끊임없이 괴롭혀 온 공납의 폐단은 임진왜란 이후 극에 달했다. 지방의 특산물을 국가에 바치는 '공납(貢納)'은 해당 가구의 경제적 조건을 고려하지 않았기 때문에 형편과 관계없이 귀한 특산물을 구해야 했다. 그 때문에 상인이나 관원이 대신 내주고 막대한 이익을 챙기는 방납(防納)의 폐단을 야기시켰다. 이처럼 백성을 고통스럽게 한 방납 문제를 해소하기 위해 등장한 것이 바로 대동법이다.

류성룡에서부터 시작하여 이원익, 김육으로 이어진 대동법 도입 계획은 숱한 반대를 불러일으켰다. 대동법은 지방 특산물로 납부하던 공납을 토지 소유의 따라 쌀로 통일해서 납부하게 한 제도인데, 광해군이 즉위한 1608년 이원익 등의 건의로 경기도에서 먼저 본격 시행되었다. 이후 세금 부담이 늘어난 지주들의 저항 속에서도 강원도, 충청도, 전라도 순으로 확대되었고 100년이 지난 1708년 숙종 때가 되어서야 황해도로 확대되며 전국(함경도, 평안도, 제주도는 제외)에서 시행되었다. 토지를 많이 소유한 양반 지배층의 반발과 기존 공납제로 이득을 보던 말단 관료까지 매우 거세게 저항했지만 민생 안정과 왕권 강화라는 명분을 앞세워 추진될 수 있었다.

대동법은 세원을 토지 수익으로 단일화해 농민들에게는 세 부담을 경감하고 재산과 수익의 비례하는 공평한 조세체계를 확립했다는 점에서 큰 의미가 있다. 또 대동법 시행으로 조선의 경제 체제를 바꿔 놓는 등 많은 긍정적인 변화가 뒤를 이었다. 우선 국가재정의 일원적 통합 운영이 가능하게 했다. 대동미를 징수하는 기관으로 출발한 선혜청(宣惠廳)이 시간이 지나면서 시장가격에 영향을 주는 등 막대한 재정 권한을 행사하는 거대 부처로 거듭났고, 중앙재정뿐만 아니라 지방재정에도 큰 영향을 미치면서 백성구제와 재원확보 모두를 성공시킬 수 있었다. 또한, 소요 물자를 시장에서 조달함으로써 상공업 활동을 크게 활성화시키고 상품화폐 경제 체제로의 전환을 촉진시켰다.

세 번의 전쟁으로 힘든 상황을 보낸 조선 경제를 살린 정책이라 할 수 있다. 대동법이 국내외적으로 체제 전환의 갈림길에 서 있었던 조선을 살릴 수 있었던 것은 바로 그 법의 중심에 백성이 있었기 때문이었다. 무려 100년이라는 긴 세월을 거쳐 완성된 조선 최후의 민생 정책 대동법을 통해 '균공애민'*의 정신을 잊지 말아야 할 것이다

부가세 도입으로 두 마리 토끼 잡아

한국이 부가가치세 제도를 도입할 당시인 1970년대 중반만 하더라도 부가가치세는 일부 서구 선진국에서나 도입했던 선진 조세 제도였다. 이처럼 선진 조세 제도의 도입을 한국정부가 서둘러 추진했던 배경에는 정부 주도적인 공업화 정책을 강력하게 추진하는 과정에서 부족한 세수의 확충이 필요했지만 이와 아울러 부가가치세 도입으로 기존의 복잡하고 다기화된 간접세 체계를 단순화하여 투명하게 재정비하고자 한 목적도 있었다.

아시아에서는 처음으로 시행한 부가가치세는 그 자체만 놓고 보면 엄청난 증세 정책으로 당연히 조세저항이 심했고 당시 여론도 상당히 나빴다. 하지만 정작 조세 부담률은 1972년 12.3%, 1977년 16%, 1981년 16.6%로 큰 변화가 없었는데, 이는 각종 공제 인상과 비과세소득 범위

---

* 균공애민(均貢愛民)이란 균공애민 절용축력(均貢愛民 節用畜力)이라는 말에서 나온 사자성어로 '세금을 고르고 평등하게 내도록 하여 백성을 사랑하고 씀씀이를 절약하여 국력을 축적한다'라는 뜻이다. 이는 조선 21대 임금인 영조가 호조에게 직접 적어 하사한 조세행정의 지침이었다고 전한다.

정치에 속고 세금에 울고

확대 등 직접세를 줄이는 정책과 함께 시행되었기에 가능했다. 또한, 수출품에 대해서는 영세율을 적용해 수출품에 대해서는 매출세를 부과하지 않고 매입세액은 환급해 줌으로써 수출을 촉진시켰다.

이밖에 부가가치세 도입의 성과로는 조세수입의 증대를 통한 세수기반 확충, 조세체계의 간소화, 근거과세를 통한 세정비리의 억제 등을 꼽을 수 있다.

특히 과거 전근대적인 징세행정과 맞물려 복잡한 조세체계는 많은 세무행정상의 비리와 부패의 빌미가 되고 있었다. 납세자는 원칙적으로 과세표준을 정부에 신고하도록 하고 있음에도 불구하고 세무당국은 신고 후 과세표준과 세율을 결정하도록 함으로써 당국이 임의로 과세표준과 세율을 결정하는 인정과세 방식을 탈피하지 못하고 있었다.

이러한 전근대적인 세무행정 과정에서 과세표준과 세액이 세무공무원의 자의적 추계로 결정되었다. 그러나 부가가치세제의 도입은 전근대적인 인정과세와 조세와 관련된 부패의 요인을 근원적으로 억제할 수 있는 계기가 되었다. 부가가치세의 작동 메커니즘이 매입세 환급을 위해서는 거래상대방의 매출액이 노출될 수밖에 없는 구조이기 때문에 거래 당사자 간 투명한 거래가 보장될 수 있었고, 따라서 거래축소나 과세표준의 조작 등 세금회피 행위를 원천적으로 봉쇄할 수 있었다.

미국과 스웨덴의 조세개혁이 주는 교훈

한편, 해외 사례로는 근본적 조세개혁(Fundamental tax reform)의 대표적인 사례로 많이 언급되는 미국 레이건 행정부의 1981년 및 1986년 세제개혁(ERTA81 및 TRA86), 스웨덴의 1991년 이원적 소득세제 도입을 들 수 있다.

미국의 1981년 조세개혁은 1970년대부터의 스태그플레이션(Stag-flation)에 의한 경제 피폐, 인플레이션에 의한 세금 부담의 누진적 증가, 세출 팽창 등이 그 배경이었다. 조세개혁이 세출 삭감, 규제 완화 등과 함께 경제의 공급 측면을 강화하기 위한 정책인 '레이거노믹스'의 일환으로 추진되었다. 경제 활성화를 최우선 과제로 하여 정책적으로 인센티브 세제를 많이 도입했는데 세율 인하와 동시에 투자촉진 세제를 필두로 하는 감세조치를 도입하여 개인 및 기업에 대한 대규모 감세를 추진했다. 결과적으로는 노동공급이나 설비투자의 촉진에서는 어느 정도 효과가 있었던 반면 자원배분의 왜곡이나 재정적자의 대폭적인 확대를 유발하는 부작용을 초래했었던 것으로 평가되고 있다.

미국의 1986년 조세개혁은 이러한 1981년 개혁이 가져온 세금 부담의 불공평이나 자원배분의 왜곡 등에 대한 불만 해소가 주된 배경이었다. '쌍둥이 적자'의 발생이나 산업의 국제경쟁력 저하도 당시 정책 과제로 대두되었다. 레이거노믹스를 계속 추진하면서 미국 달러화에 대한 평가절하를 실시함과 동시에 경제 활성화 및 1981년 개혁에 의한 세제 왜곡을 시정하기 위해 중장기적 관점에서의 중립적인 세제 구축을 개혁목표로 삼았다.

이에 '공평·간소·경제 성장'을 원칙으로 중장기적 관점에서 중립적인 세제의 구축을 도모했다. 이를 위해 공제 제도나 우대조치 등을 축소·철폐해 과세 베이스를 확대하는 한편, 세율 인하 및 세율 구조 간소화를 실시했다. 따라서 1986년 조세개혁은 자원배분의 왜곡을 해소하여 구조개혁에 기여했던 것으로 평가되고 있다.

마지막으로 스웨덴의 1991년 조세개혁도 고(高)복지 고부담 사회에서 높은 한계세율에 대한 비판이나 조세회피 행동의 횡행, 비중립적 세제에 의한 투자 등 경제 행동의 왜곡 등이 그 배경이었다. 이와 더불어 개혁을 전후로 이른바 버블경제가 붕괴되고 금융위기가 발생해 조세개혁을 지방분권, 재정개혁, 연금개혁 등 일련의 개혁과 병행해 추진했다.

'공평성·통일성·간소·중립'의 원칙 아래 왜곡이 적은 효율적인 세제개혁 구축을 목표로 미국의 1986년 개혁과 같이 우대조치 등의 축소·Loophole의 배제에 의한 과세 베이스의 확대와 세율 인하를 실시했다. 그 주된 수단으로 '이원적 소득세제'를 도입해 경제 활동에 대한 왜곡을 시정해 보다 중립적인 세제를 실현하고자 했다.

이원적 소득세제란 종합소득과세의 원칙에서 벗어나 소득을 근로소득과 자본소득으로 양분하여, 전자에는 누진과세를 후자에는 전자의 최저세율과 동일한 세율로 비례과세를 부과하는 세제를 말한다. 당연히 법인세는 자본소득 과세와 동일한 세율로 과세한다. 이원적 소득세는 경제 이론적으로는 효율성뿐만 아니라 중립성 및 공평성의 관점에서도 일정한 합리성을 지닌 것으로 알려져 있다. 조세개혁 직후 일시적인 재정적자 확대의 요인이 되기도 하였으나 1990년대 후반 이후 흑자 기조를 이끌기도 했다는 평가를 받고 있다.

조세 부담의 형평성 제고를 위한 조세개혁 방향

과거에는 국방비나 경제예산을 줄이는 등 지출구조조정을 통해 세금 부담을 크게 늘리지 않으면서도 복지확대 재원을 조달할 수 있었다. 그러나 현재는 우리나라의 복지 이외 정부지출 규모가 OECD 국가 평균의 96% 수준에 불과해 더 줄일 여지가 많지 않은 상황이다. 물론 재정 건전성 회복을 위한 재정 총량 관리와 정책성과 창출을 위한 개별 예산 사업 관리를 정말 비상한 각오로 강화해 나가야 한다.

그러나 이처럼 재정지출을 철저하게 통제한다 하더라도 세계적으로 유례가 없을 정도로 빠르게 진행되고 있는 인구고령화와 국민의 복지에 대한 요구 증가로 날로 늘어나는 복지지출을 감당하기는 부족한 것이 엄정한 우리 재정의 현실이다. 결국 세출구조조정을 강력히 추진하더라도 조만간 증세 압박이 시작될 것으로 예상된다.

우리나라의 국민부담(조세 부담에 국민연금과 건강보험과 같은 사회보장부담을 합산한 개념)은 OECD 국가나 G-7 국가의 약 80% 수준으로 인상 여력이 있다. 그런데 25가지에 달하는 우리나라 세금 중에서 어느 세금을, 또 어떤 대상에게 더 부담시켜야 할까? 대다수 납세자나 국민이 공감할 수 있는 기준이 있어야 하지 않을까?

'부자증세'만으로는 필요한 만큼의 세입 증대 효과를 거둘 수 없지만, '보편증세'를 지지하는 여론도 그리 많지 않다. 납세자들의 현행 조세 제도에 대한 불만과 조세 부담의 불공평 문제 제기에 응답하는 조세개혁 내용을 포함하지 않고서는 증세 이야기는 꺼내기조차 어려울 것이다. 나아가 성공적인 조세개혁을 위해서는 개혁의 내용뿐만 아니라 개혁의 추진전략도 잘 준비해야 한다. 이와 관련해 저명한 조세학자 Richard M. Bird는 조세개혁에서 소유권, 리더십, 일관된 전략, 좋은 아이디어와 이의 효과적인 구현 등이 중요하다는 명언을 남긴 바 있다.

"When it comes to tax reform, 'ownership' matters.
So does leadership. So does a coherent strategy, and of course adequate
resources both to develop good ideas and specially to implement them
effectively."

또 역사적으로 성공적인 조세개혁을 단행했던 국제 사례들을 분석해 보면, 세제개혁 노력은 대체로 경제위기 이후에 발생하는 경향이 있으며 중대한 정치적 합의와 반대 기득권층의 저항을 막는 조치들이 뒷받침되어야 한다.

조세체계에 대한 명확한 목표와 그러한 목표를 가장 간단하고 효율적이며 공평한 방식으로 달성하는 수단을 포함하는 전략적 계획이 필수적이다. 세입을 늘리기 위한 조세개혁이 정치적으로 어렵기는 하지만 글로벌 경험은 강력한 리더십이 개혁을 촉발하고 성공을 가져올 수 있음을 보여주고 있다.

정보통신 기술의 더 나은 사용과 서비스 개선을 통한 조세 행정 강화가 도움이 될 수 있고, 공공 지출의 질을 향상시킴으로써 납세자가 원하는 사회 서비스 및 기타 공공 재화와 서비스의 확장을 포함한 광범위한 재정개혁도 납세자들의 공감대 형성을 촉진할 수 있다.

증세? 조세 부담 형평성 회복에서 시작해야

지금 우리에게 필요한 것은 세원(Tax base) 간, 소득계층 간, 세대 간의 3가지 측면에서 조세 부담 형평성을 회복시키는 것이다. 동시에 민간경제의 효율성은 덜 훼손시키면서도 소득재분배 기능은 강화하는 조세정책 방향을 설정하고 총체적이고 일관된 조세개혁 전략하에 세부적인 정책 수단들을 구현시켜야 한다.

우선 우리나라 현행 세제의 세원 간 조세 부담의 형평성을 살펴보자. 세금은 '그 부과 대상이 무엇인지'에 따라 소득과세, 소비과세, 재산과세로 구분할 수 있다. 소득에 대한 세금으로는 소득세, 법인세 등을, 소비에 대한 세금으로는 부가가치세, 개별소비세 등을, 재산에 대한 세금으로는 상속세, 증여세, 종합부동산세, 재산세 등을 들 수 있다.

〈표 2-3〉에서 보듯이 우리나라는 개인소득 과세와 소비 과세가 약한 반면, 법인소득 과세와 자산거래 과세는 강한 편이다. 특히 개인소득세(소득세) 부담이 선진국에 비해 절반 수준에 불과해 향후 증세 정책에 동원될 수 있는 1순위 세금인 반면, 자산거래세(취득세, 증권거래세)는 3배 이상으로 지나치게 과중하다.

소득세 내에서도 직장인들과 자영업자들 간의 세 부담 형평성 문제나 부동산 관련 소득, 금융소득, 근로소득 간 세 부담 형평성 문제 등도 면밀하게 살펴 대응해야 할 정책적 과제다. 일례로 대다수 국민은 '유리지갑'인 임금소득자에 비해 자영업자가 세금을 더 적게 낸다고 생각하지만 실제로는 상위 소득계층에선 임금노동자의 부담이 더 많고, 광범위한 근로소득공제 등의 영향으로 중간 소득계층에선 자영업자의 소득세 부담이 더 많다. 한국은 다른 선진국에 비해 자영업자든 임금노동자든 모두가 소득세 자체를 적게 낸다.

소득계층 간 및 세대 간 과세 형평 고려

나아가 부가가치세와 같은 일반소비세도 부담이 낮은 편으로 소득세 다음으로 증세 정책 수단이 될 수 있을 것이다. 다만 저소득층의 부가가치세 부담이 크기 때문에 부가가치세 세율을 인상할 때는 낮은 세율을 적용하거나 면세혜택을 부여해 저소득층의 세금 부담이 지나치게 늘어나지 않도록 배려할 필요가 있다.

<표 2-3> 국민부담율 수준 및 구성의 국제 비교(2019년 기준)

구분	국민부담		소득 과세			소비 과세			재산 과세		
	조세	사회보험료	개인소득세	법인소득세		일반소비세	개별소비세		자산보유세	자산거래세	
	(GDP대비 %)										
한국	27.4	20.1	7.3	9.1	4.8	4.3	7.1	4.3	2.8	3.1	0.9	2.2
OECD 평균	33.8	24.9	9.0	11.6	8.3	3.0	10.8	7.1	3.7	1.9	1.2	0.6
G-7 평균	35.7	25.2	10.4	12.5	9.8	2.5	9.1	5.6	3.5	3.0	2.2	0.8

출처: OECD의 Revenue Statistics

〈그림 2-3〉에 정리된 소득계층 간 조세 부담의 형평성을 보면 우리나라 세제의 소득 누진도(소득이 늘어날 때 세금 부담이 더 크게 증가하는 정도로 그래프의 기울기로 가늠해 볼 수 있음)에는 큰 문제가 없어 보인다. 누진적 조세인 직접세와 사회보험료 전체로 보거나 소득세만 보더라도 영국과 비슷한 수준이고, 역진적인(누진도와 반대로 소득이 늘어나는 정도보다 세금 부담이 덜 늘어남, 그래프가 하락하는 것으로 나타남) 조세인 간접세는 오히려 영

정치에 속고 세금에 울고

국보다 역진도가 낮은 편이다. OECD의 소득계층별 실효세율통계에서
도 우리나라가 전반적으로 낮지만 기울기는 비슷하다. 2014년 OECD-
조세연의 소득계층별 간접세 부담 비교연구에서도 우리나라가 가장 양
호했다.

<그림 2-3> 소득계층별 조세 부담의 국제 비교*

・소득세

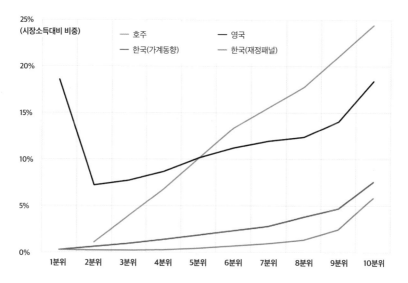

【소득분위별 소득세 부담】

---

* 출처: 통계청 가계동향조사(2014), 조세재정연구원 재정패널조사(2015), 영국 통계청-The
Effects of taxes and benefits on Household income(2016/2017 회계 연도), 호주 통계
청-Household Income and Wealth, Australia(2015/2016 회계 연도)

· 직접세

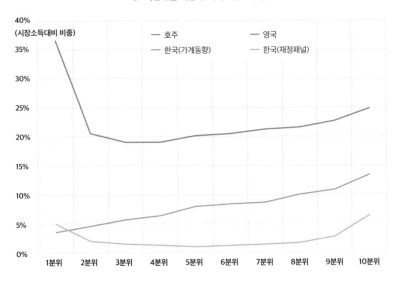

【소득분위별 직접세+사회보험료 부담】

· 간접세

【소득분위별 간접세 부담】

정치에 속고 세금에 울고

결국 우리나라의 조세 부담은 모든 소득계층에서 낮기 때문에 향후 증세를 논의할 때 고소득층 등 특정 소득계층의 세금 부담만 증가시킬 것이 아니라 소득이 있는 사람이라면 모두가 조금씩 더 세금을 부담하도록 할 필요가 있다. 물론 현재의 소득 누진도만 유지하더라도 고소득층은 훨씬 더 많은 세금 부담 증가를 감내해야만 한다. 향후 조세개혁 과정에서 증세 정책에 누진적인 조세(소득세)와 다소 역진적인 조세(부가가치세)를 모두 활용함으로써 소득계층 간 조세 부담 형평성 문제에 잘 대처해 나가야 할 것이다.

마지막으로 세대 간 조세 부담의 형평성을 보면 〈그림 2-4〉에서 보듯 어느 나라나 30대 후반부터 50대 초반의 경제 활동인구의 조세 부담이 매우 큰 편이다. 그런데 우리나라는 최근 소득세와 소비세 모두 이 연령계층의 부담이 더 커진 반면, 고령층 부담은 줄었다. 향후 증세 정책을 논의할 때 세대 간 공평성 차원에서 경제 활동인구의 조세 부담만 과도하게 증가하는 문제가 발생하지 않도록 유의할 필요가 있다.

일본 정부는 부족한 복지재원 조달을 위해 우리나라의 부가가치세에 해당하는 소비세를 도입하고 3차례나 세율을 인상했다(1989년 3% → 2012년 5% → 2014년 8% → 2019년 10%). 소비세는 복지 혜택의 대부분을 누리는 고령층을 포함한 모든 세대가 부담하는 세금이라는 점에서 초고령사회와 부합하고, 경기 변동에 관계없이 안정적인 세수를 기대할 수 있다는 점 등이 고려된 것이다. 나아가 소비세 세수를 사회보장 경비에만 충당한다는 점을 명문화하여 증세에 대한 설득력을 높이기도 했다.

우리나라는 부가가치세율이 10%인 반면 북유럽 국가들은 노르웨이, 덴마크, 스웨덴 25%, 핀란드 24%다. 이는 간접세인 소비에 대한 과세가 소득이나 재산에 대한 과세보다 조세저항이 덜하기 때문인 것으로 보인다. 모든 국민에게서 부가가치세를 더 걷어서라도 더 많은 재원을 마련해 그 돈으로 모든 국민을 위한 복지에 쓰는 것이다.

\<그림 2-4\> 연령별 조세 부담의 비교

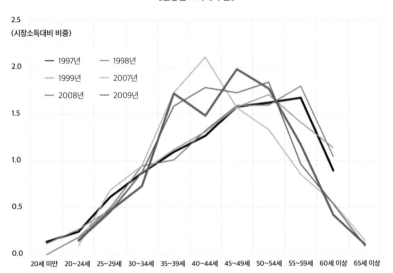

【연령별 소득세 부담】

정치에 속고 세금에 울고

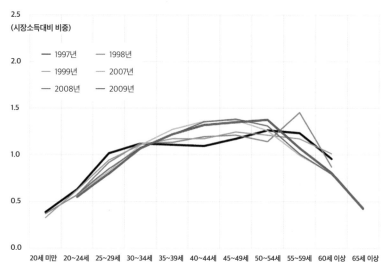

[연령별 소비세 부담]

출처: 유근춘, 황남희 외, 『사회보장 재원 조달에서의 세대 간 형평성 제고방안 연구』, 한국보건사회연구원, 2013.12.

향후 조세 정책 방향

향후 조세 정책의 방향을 설정하기 위해서는 이상에서 살펴본 3가지 측면에서의 형평성 제고 이외에 조세 정책에서 전통적으로 중요한 원리로 알려진 효율성과 소득재분배 측면을 고려해야 한다. 효율성 측면에서는 효율 승수가 작은 소비 과세를 늘리는 것이, 소득재분배 측면에서는 Gini 계수 변화를 크게 유도할 수 있는 소득세를 늘리는 것이 유리하다.

결론적으로 재원 조달의 필요성, 국민의 증세 수용성, 형평성 제고,

효율성과 소득재분배 측면, 조세 실적과 최근 조세 정책 추진 상황 등을 종합해 보면 〈표 2-4〉에서 보는 바와 같이 소득 과세(특히 개인소득세)와 소비 과세를 늘려나가되 자산 과세의 증세에는 신중(특히 자산거래세는 감세)해야 한다는 조세 정책 방향에 도달하게 된다.

〈표 2-4〉 향후 조세 정책 방향

	국민부담 =			소득 과세 +			소비 과세 +			자산 과세		
		조세	사회보험료		개인소득세	법인소득세		일반소비세	개별소비세		자산보유세	자산거래세
	(GDP 대비 %)			(총 조세 대비 %)								
2019년 실적	27.4	20.1	7.3	45.3	23.9	21.4	35.2	21.4	13.8	15.6	4.6	10.9
최근 조세 정책		○	↑		↑			○	↓		↑↑	○
기준별 조세 정책 방향 판단												
재원 조달 필요	↑	↑	↑									
수용성									↑		↑	
형평성 세원 간				↑	↑↑	↓	↑	↑	↑	○	↑	↓
형평성 소득계층 간					↑			↑				
형평성 세대 간								↑				
효율성					↑	↓	↑↑				↑	↓
소득재분배					↑↑	↑		↓			↑	

제2부

세금 역사 이야기

제3장

동서고금의 세금 이야기

사람과 권력에 휘둘려 온
세금 정책

세금의 역사에서 나타나는 중요한 사실은 세금은 늘 사람을 변하게 만든다는 것이다. 거꾸로 말해 사람과 권력이 세금 정책을 자기 입맛대로 쥐락펴락해 왔다고 보는 것이 더 맞을 것이다. 그런데도 특정 목적을 갖고 만들어지거나 변화시키는 세금은 목적대로 되지 않고 실패로 끝나는 경우가 많았던 것 또한 국가가 의도한 대로 국민이 움직이지 않았기 때문이었다. "부자에게 세금을 더 거두어 복지에 쓰자!"라는 말은 대다수 국민이 찬성했던 것이었다.

문제는 이를 실행에 옮기기 어렵다는 것이다. 세금은 늘 사람을 움직이게 하기 때문이다. 세금을 만들거나 변화를 가할 때 원래 기대했던 결과가 나타나지 않을 수 있고 이를 감안하지 않은 세금은 언제나 실패한다.

세계 최초의 세금과 징세청부인

현재까지 확인된 바에 의하면 인류 역사상 가장 오래된 세금이란 제도가 발견된 시기는 B.C. 3000년경 이집트 고왕국 때라고 한다. 이집트 최초로 통일 왕국을 이룬 메네스(Menes) 왕 시대에 노역(Corvée)과 십일조(Tithe) 형태의 공납이 바로 세금이었다는 것이다.* 세금이 존재했다는 것은 세금징수원을 묘사한 이집트 고분벽화와 성경에도 고대 이집트 시대의 세금 제도가 기록된 사실에서 간접적으로 확인된다.

이와 같은 이집트 세금 제도와 관련하여 중요하면서도 재미있는 역사적 사건은 그 유명한 로제타석이다. 1799년 7월 이집트를 원정 중이던 나폴레옹(Napoleon) 군(軍)이 알렉산드리아(Alexandria) 동쪽의 한 작은 마을에서 망루 보수 작업 중 알 수 없는 문자들이 새겨진 현무암 돌조각을 발견했다. 일명 '로제타석(石)'(가로 76㎝, 높이 112㎝, 두께 28㎝)으로 알려진 이 돌에는 세 가지 문자가 새겨 있었다고 한다. 하나는 고대(古代) 이집트 사제(司祭) 계급이 사용하던 신성(神聖)문자, 하나는 이집트 민중문자, 하나는 그리스 문자였다. 그런데 로제타석에 굳이 세 가지 문자로 기록했던 이유가 무엇이었을까? 나중에 알려진 바에 따르면, 그 내용은 세금에 관한 것이었다. 당시 상황을 역사로 살펴보면, 이 내용을 세 가지 문자로 기록한 이유를 짐작할 수 있다.

기원전(B.C.) 196년 무렵 이집트는 과중한 세금 부담으로 국민의 저항이 끊이지 않았고, 그로 인해 나라는 내란(內亂) 상태에 빠질 정도였다고 한다. 이에 새로 즉위한 프톨레마이오스 5세 에피파네스(Ptolemy V Epiphanes, 기원전 210~181)는 세금 체납과 미납 등으로 투옥된 사람들을 사면하는 한편, 사원(寺院)에 대한 면세(免稅) 혜택을 재확인했다는 것이다.

---

* 한국경제신문, 「김낙회의 세금 이야기」, 2019.10.15.

정치에 속고 세금에 울고

이로 인해 혜택을 본 사람들은 프톨레마이오스 5세 에피파네스를 칭송했을 것이고, 그리고 사원은 분명하게 면세구역이라는 것을 알리기 위해 그 사실을 기록해서 남기려 했다는 것이 학계의 해석이다.

하지만 여전히 '왜 세 가지 문자를 사용하여 기록했을까'라는 궁금증이 남는다. 그 이유로 신성문자는 사원의 면세 사실을 사제들에게 전하기 위해, 민중문자는 관료나 국민에게 알리기 위해, 그리스 문자는 당시 그리스인들이 주로 맡고 있었던 세리(稅吏)에게 알리기 위해 쓰였다고 짐작하고 있다.

고대 그리스에도 '징세청부인(徵稅請負人, Tax farmer)'이라는 세리가 있었다고 하는데, 이들은 징세권(徵稅權)을 경매(競賣)를 통해 낙찰받은 뒤, 국민에게 국가를 대신하여 세금징수를 했다고 한다. 세리를 두는 제도는 로마로도 이어졌고, 프랑스에서도 있었다고 한다.

로마에서 정복지로부터 징수했던 세율 10%인 속주세(屬州稅)를 세리들이 거둔 뒤, 그중 10%를 수수료로 챙겼다고 한다. 프랑스는 19세기 후반까지도 간접세를 별도의 세리인 징세청부업자들이 거뒀는데, 이들은 계약된 일정액을 국가에 납부하고 나머지는 자신의 소득으로 가져갔다. 국가에 납부하는 것을 제외한 나머지는 모두 조세징수인 자신들이 소유하기 때문에 훨씬 더 많은 세금을 가혹하게 징수하고자 했을 것이다. 역사적으로 볼 때, 사회가 혼란스러울수록 세리들의 부정부패는 더욱 기승을 부렸을 것이다. 성경에도 세리는 유대 민중들에게 죄인으로 기록되어 있다. 로마의 허가를 받은 세리들이 필요한 이상으로 세금을 거둬들이는 바람에 유대인들의 원성을 산 것이 그 이유였다.

로마의 조세 제도

로마의 조세 제도는 정복지에 소득의 10%인 데시마(Decima)라는 속주세를 부과했는데, 명분은 안전보장에 대한 대가였다. 로마 시민은 세금을 내지 않는 대신 병역의무를 졌는데, 속주민도 군대에 들어가면 세금이 면제됐다고 한다. 다른 세금은 데시마보다 세율이 낮았는데, 상속세와 노예해방세는 5% 세율(비체시마, Vicésimo라고 불림), 소비세는 1%(켄테시마, Centésima라고 불림), 관세의 경우 사치품에는 25%, 다른 품목에는 1.5~5%를 부과했다. 로마의 조세 제도 특징은 30~40년마다 인구조사를 통해 과세에 정확성을 기했다는 것인데, 학자들은 이런 안정적인 조세체계가 로마 번영의 기틀이 되었다고 주장한다.

로마 아우구스투스 황제가 팍스 로마나라는 전성기를 이끌어 낸 근간에는 결국 세금이 있었다는 주장도 있다. 복잡하고 문란하던 세금을 다섯 가지로 줄임으로써 체제안정과 함께 번영의 원동력으로 삼았던 것이다.[*]

---

[*] 세금의 가짓수를 살펴보면 로마가 정복한 속주국의 주민에게 부과되는 토지세, 자유를 얻은 경제력 있는 노예에게 부과되는 노예해방세, 오늘날의 소비세와 비슷한 매상세, 그리고 관세와 상속세가 부과되었으며 통치 기간 내내 동일 세율을 유지했다.

　　　　　　　　　　　정치에 속고 세금에 울고

번영을 구가하던 로마가 212년 카라칼라(Caracalla, 198~217 재위) 황제 때 조세체계를 흔드는 사건이 발생했는데, 그것이 바로 속주민에게 시민권을 부여하는 안토니누스 칙령(Constitutio Antoniniana)이었다. 이 칙령으로 속주세가 폐지되면서 재정문제가 발생하자 특별세가 남발되기 시작했다고 한다. 그로 인해 세금 부담을 견디지 못해 도망치는 사람들이 속출하였고, 그 결과 세금징수액은 더욱 줄어드는 악순환이 발생한 것이다.

창문세부터 부유세까지

이후 눈길을 끌 만한 세금 이야기는 세월을 건너뛰어 1696년 영국의 왕 윌리엄 3세가 도입한 창문세의 경우가 대표적이다. 창문의 개수를 기초로 세금을 거두었더니 창문을 모두 메운 건물이 속출했다.

이런 식의 조세 정책의 우회적 탄압은 조직적인 저항을 불러오기도 했다. 역사적으로 보면, 식민지 국가가 조세저항 운동을 벌인 사례는 많다. 위대한 영혼 마하트마로 불리는 인도 건국의 아버지 간디, 영국이 1930년 소금법을 제정해 모든 소금을 영국에서 수입해 쓰고 50%의 높은 세금도 낼 것을 요구하자 직접 소금을 만들기로 결심하고 소금이 나는 해안으로 386km의 소금 행진을 떠났다. 인도의 비폭력 저항운동 '사티아그라하(Satyagraha)'는 1930년 3월 12일부터 4월 6일까지 진행된 수천 명 시민의 불복종 행진으로 절정을 맞은 것이다.

미국의 독립전쟁도 1773년 12월 16일 밤, 미국 매사추세츠만 식민지 주민들이 영국 본토로부터의 차(茶) 수입을 저지하기 위하여 영국 국적 선박을 습격, 당시 사치품이었던 차 상자들을 바다에 폐기한 사건인 '보스턴 차 사건(Boston Tea Party)'이 불씨가 되었다. 이처럼 식민지 수탈의 경험을 겪은 국가일수록 국민의 조세저항이 강해지는 경향이 나타난다.

중앙정부가 부과하는 국세를 기준으로 우리나라의 2020년 조세 부담률은 14.9%로 데이터 입수가 가능한 156개 국가 중에서 77위에 그쳤다. 인도는 12.0%로 45위, 미국은 9.9%에 27위로 더 낮았다. 10여 개 산유국의 매우 이례적인 낮은 조세 부담을 감안하면 이들 식민지 경험 국가들이 지금까지도 매우 낮은 조세 부담 수준을 유지하고 있는 것이다.

1990년 아버지 부시 시절 도입했던 요트세도 실패한 조세 정책의 대표적인 예다. 부유층에게 세금을 거두기 위해 10만 달러를 넘는 요트에 대해 판매세를 부과했는데, 실제로 징수한 세금은 고작 700만 달러에 불과했다. 결국 10만 달러 넘는 요트 판매가 71% 급감하고 요트 산업 일자리가 25% 감소하면서 3년 만에 폐지했다. 부자들이 바하마 군도 같은 곳에서 요트를 구입하거나 10만 달러 이하의 요트를 샀기 때문으로, 무리한 조세 정책의 참담한 결과였다.

부유세의 또 다른 사례도 있다. 1910년 스웨덴에서 시작된 부유세는 여러 국가가 도입했다가 투자와 창업이 위축되고 자본유출이 급증하며

정치에 속고 세금에 울고

대부분의 국가가 폐지했다. 한 해 부유세로 1조 5,000억 크로나(200조 원)가 빠져나가기도 했던 스웨덴도 결국 2007년에는 부유세를 폐지했다.

우리나라에서도 19세기 다산 정약용 선생이 경세유표에서 세금 부담의 경감과 함께 세금의 종류를 줄이자고 주장한 바 있다.

포퓰리즘의 도구로 전락한 세금 정책

이처럼 과도하거나 부당한 세금징수가 반란이나 혁명의 원인이 된 역사적 사건도 무수히 많다. 우리 역사에서도 동학혁명의 원인으로 기록되고 있는 삼정의 문란이 바로 그것이다.

인류 역사 속에서 세금이 언제나 엄청난 존재로 인식되는 것은 사람들이 아주 조그마한 세금의 변화에도 늘 큰 반응을 보이기 때문이다. 세금이 부과되면 소비를 덜하거나 일을 덜하거나 어떤 식으로든 사람들은 행동에 변화를 일으킨다. 이러한 세금에 의한 행동변화가 파급효과를 야기하게 되어, 거둔 세금을 다시 돌려주더라도 여전히 회복하지 못하는 부분을 만들어 내게 되는데, 바로 이것을 경제학에서는 사중손실(死重損失, Deadweight loss) 혹은 초과부담(Excess burden)이라고 한다. 그만큼 세금은 아무리 잘 거두어도 본전 찾기가 어렵다. 그렇기에 우리는 이러한 손실을 최소화하는 세금을 만들어 내야 하는 것이다.

세계사와 한국사에 등장하는 세금은 오늘날에도 중요한 정책 수단이자 변혁의 원천이 되고 있다. 특히, 세금은 이른바 포퓰리즘의 주요 도구이기도 하다. 그동안 대부분 정부에서의 조세 정책은 다른 국가 정책에 비해 상대적으로 중장기적인 시각을 가지고 지속적이고 일관성 있게 추진되어야 함에도 세금만능주의나 포퓰리즘의 단기적 유혹에 빠져 정책 방향의 왜곡이 반복되었다.

세금 정책, 국가의 흥망성쇠를 좌우한다

기원전 3000년경, 수메르인들이 남긴 점토판에도 "한 나라가 끝나고 다음 나라가 와도 세리(稅吏)는 찾아온다"라는 글귀가 새겨져 있다. 인생에서 가장 확실한 것은 죽음과 세금뿐이란 말도 있다. 또 세금을 싫어하는 것은 동서고금을 막론하고 모든 사람이 똑같다. 그래서 세금은 사람의 행동에 영향을 미쳐 국가와 사회를 부흥하게도, 몰락하게도 만든다.

역사적으로 살펴보면 동서양은 사고방식부터 생활양식까지 모든 것이 판이하다. 세금 정책 면에서는 더욱 그러하다.

호랑이보다 무서운 동양의 세금

우선 동양에서의 세금에 대한 인식부터 살펴보자. 세금(稅金)의 '稅'는 '벼 화(禾)'와 '바꿀 태(兌)'가 합쳐서 생긴 한자다. 세(稅)에서 태(兌)는 '빼내다'라는 뜻도 있어 수확한 곡식 중에서 자유롭게 쓸 수 있는 몫을 '떼고' 나머지를 관청(정부)에 바친다는 것을 의미한다. 이처럼 우리나라를 포함한 동양에서는 세금을 정부에 빼앗기는 것으로 인식해 왔다. 오죽하면 '가정맹어호(苛政猛於虎, 가혹한 세금은 호랑이보다 더 무섭다)'라든가 '가렴주구(苛斂誅求, 가혹하게 세금을 거두거나 백성의 재물을 억지로 빼앗는다)'라는 고사성어가 생겼겠는가?

가정맹어호의 유래를 살펴보면, 『예기(禮記)』「단궁편(檀弓篇)」에 공자(孔子)가 제자들과 함께 태산(泰山) 옆을 지나가는데 무덤 옆에서 우는 아낙네를 보았다. 공자는 제자인 자로(子路)에게 이렇게 묻게 했다. "내가 부인의 울음소리를 가만히 들으니 아무래도 여러 번 슬픈 일을 당한 것 같은데 어떻게 된 사연입니까?" 부인은 울음을 그치고 대답했다. "예, 과연 그렇습니다. 옛날에는 저의 시아버지가 범에게 잡혀 죽었고, 얼마 전에는 제 남편도 또 범에게 잡혀 죽었는데, 이번에 제 자식이 또 범에게 잡혀서 죽고 말았습니다" 공자는 부인의 말을 듣자, "그러면 어째서 이 무서운 고장을 떠나지 못하는 거요?" 하고 반문했다. 부인이 대답했다. "그래도 이 고장에는 까다로운 정치가 없기 때문이지요"

이에 공자는 느낀 바가 있어 제자들에게 말했다. "너희들 잘 명심해

두어라. 까다로운 정치는 백성들이 범보다도 더 무섭게 안다는 것을"

여기서 까다로운 정치(苛政)란 백성들을 달달 볶는 정치고 이 정치는 가혹한 정치, 가렴주구(苛斂誅求) 한, 즉 세금 뜯어 가는 가혹한 정치를 뜻한다.

실제로 춘추시대(春秋時代, 기원전 770~403년) 말엽 공자의 고국인 노(魯)나라는 왕족인 계손씨(季孫氏) 등이 왕보다 더 세력을 떨치며 가혹하게 세금을 수탈하여 백성들이 시달렸다. 당시 공자는 제자들을 이끌고 제(齊)나라로 향하고 있었고 태산을 지나다가 그 여인을 만난 것이다. 이러한 이유로 동양에서 성군(聖君)은 왕실 재정을 절약해 백성들의 조세 부담을 덜어 주어야만 했다. 세종실록 28년(1446년) 4월 30일 자 기록을 보자.

> "내가 생각건대, 백성에게 거두는 세금이 제한이 없으면 임금의 쓰는 것이 한정이 없으니, 그 수량은 시기에 따라 알맞게 가감하며, 정한 법 이외에는 털끝만큼이라도 더 거두지 못한다. 만일 부득이한 용도가 있으면, 마땅히 정한 법에 따라 남아 있는 물건은 감하고, 부족한 물것을 더할 것이다. 이렇게 하면 백성의 뜻이 정한 것이 있고 물건의 용도가 제한이 있으니 관리의 탐오한 자가 또한 그 악한 짓을 함부로 하지 못할 것이다."

세종의 선한 조세 의지를 살필 수 있는 기록이다.

조선말, 일제시대 세금 폭압, 고통만 더해

그럼에도 전통적으로 우리나라는 국가의 조세능력이 취약했고, 국민이 조세에 느끼는 불신과 불만이 상당했다. 조선 말기의 삼정의 문란이 심했고, 갑오농민전쟁도 시발점은 세금 문제였다.

동혼재 석한남 선생이 쓴 『다산과 추사, 유배를 즐기다』에는 「애절양」이라는 다산의 시 한 수가 들어 있다. 이 시는 내용이 너무 참혹하여 차마 옮기기 어려울 정도다. 시 본문을 옮기지 않고 다산이 『목민심서』 「병전육조첨정」에 실은 부연 설명을 살펴보자.

"이 시는 가경(嘉慶) 계해년(1803년, 순조 3년) 가을에 내가 강진에 있을 때 지은 것이다. 그때 갈밭 마을에서는 낳은 지 사흘 된 아들이 군적에 올라갔고, 관리는 군포 대신 소를 빼앗아갔다. 백성이 칼을 뽑아 그 양경(陽莖)을 스스로 자르며, '내가 이것 때문에 이러한 곤경에 처했다'고 했다. 그 아내는 피가 뚝뚝 떨어지는 양경을 가지고 관아에 나아가 통곡하며 호소하려고 했으나 문지기가 그녀를 막았다. 나는 이 이야기를 듣고 이 시를 지었다."*

세금을 징수하는 과정에서 발생한 부패 문제가 이 지경에 이르렀으니 조선말 나라 꼴이 말이 아니었으며 백성들의 고초는 이루 말할 수

---

* 동혼재 석한남, 『다산과 추사, 유배를 즐기다』, p.222.

없을 정도에 이르렀다.

특히, 일제 식민통치를 경험하면서 정부와 세금에 대한 부정적인 인식이 더욱 커졌다. 대한제국 선포 후 추진된 1897년 광무개혁 때 이미 근대적인 토지 소유권이 확립되었음에도 일제는 1912년 토지조사령을 공포해 토지조사 사업을 단행했다. 명분은 토지의 소유자를 문서에 명확히 표시하여 근대적인 토지 소유권을 확립한다는 것이었지만 실제로는 한국인의 땅을 빼앗아 식민통치에 필요한 재정적 기반을 확립하기 위해서였다.

예를 들면 신고할 때 이 땅이 자신의 소유임을 증명하는 증거를 제출해야 하는데 증거가 없으면 주인 없는 땅이 되었고, 증거를 마련했다고 하더라도 신고 기간이 짧고 절차가 복잡해서 우왕좌왕하는 사이에 신고 기간이 끝나 버린 경우가 많았다.

일제는 이런 미신고 토지, 소유자가 불분명한 토지, 공공기관 소유 토지 등을 모두 조선총독부에 귀속시켜 버렸다. 한편으로 이전에는 할아버지가 농사를 지었으면 아빠도 나도 그 지주의 땅을 농사지을 권리인 도지권(일종의 경작권)이 인정되어 지주가 함부로 해당 농민의 경작을 그만두게 할 수 없었다. 그러나 일제는 이러한 관습적인 경작권을 부정해 많은 자작농을 기한부계약에 의한 소작농으로 신분 전락시켰다. 일부 농민은 화전민이 되거나 도시나 만주 등 해외로 떠나야만 했다.

이후에도 일제는 1920년부터 산미증산계획을 통해 식량 생산 증대에 성공했지만 수탈량을 훨씬 더 늘리는 바람에 부족한 식량을 만주에서 조, 수수 등 값싼 잡곡을 수입해서 대체하기에 이르렀다. 실제로 1927년 쌀 생산량은 1921년 대비 1.21배가 되었지만, 1인당 쌀 소비량은 0.67배로 줄었다. 더군다나 일제는 개량, 개간, 종자, 수리시설에 드는 비용을 모두 농민들에게 전가시켜 농민들의 삶을 더욱 어렵게 만들었다. 국가총동원법(1938년)을 통해 전시 동원 체제를 강화하면서 강제징용 및 징병, 정신대, 위안부뿐만 아니라 미곡 공출, 배급 등 물자수탈도 심해졌다.

서양의 세금 정책

동서양 모두 세금이란 존재는 무서운 것이었나 보다. 서양에서도 '신도 있고 왕도 있지만 더 무서운 건 세금징수관이다'(고대 수메르 격언), '모험을 찾아 떠난 기사가 세금, 조공, 관세, 통행세 내는 거 봤소?'(세르반테스의 『돈키호테』 문구), '국가를 죽음과 같은 무력감에 빠뜨리는 가장 좋은 방법은 세금과 부채를 늘리는 것이다'(19세기 영국 저널리스트 윌리엄 코빗) 등 세금에 쏘아붙인 역사적인 말들이 끊임없이 이어지고 있다.

그러나 서양에서는 세금에 대한 저항을 죄형법정주의와 더불어 인권발전의 양대 산맥을 형성하는 '조세법률주의'로 승화시켜 나가기도 했다. 영국의 대헌장(1215년) 제61조의 '대표자가 없는 곳에는 세금을 내지 않아도 된다'에서 시작되어 이후 권리청원(1628년)의 '의회의 승인 없이는 국민에게 과세를 할 수 없다', 명예혁명과 권리장전(1689년)의 '의회의 승인 없이는 과세할 수 없다'로 이어졌다. 이후 대서양을 건너 미국의 독립전쟁과 헌법(1787년)의 '대표자 없는 곳에 과세할 수 없다'로, 다시 대서양을 건너 프랑스의 대혁명과 인권선언(1789년) 제14조의 '모든 시민에게는 직접 혹은 대표자를 통해 조세의 필요성을 결정하고, 그것을 자유로이 승인하고, 그것의 용도를 확인하고, 조세 부과율과 조세의 산출 방식과 징수 방법과 조세의 징수 기간을 결정할 권리가 있다'로 완성되기까지 무려 500년 넘게 걸렸다.

반드시 국회의 대표기관인 의회가 제정한 법률에 근거하지 않고서는 국가가 조세를 부과, 징수할 수 없고 국민은 조세의 납부를 요구받지 아니한다는 원칙인 조세법률주의는 이제 거의 모든 현대국가에 적용되고 있다. 그럼에도 불구하고 1990년 마거릿 대처 영국 총리는 주민세인 인두세를 도입했다가 11년간 이어 갔던 정권을 내놓아야 했고, 조지 H. 부시 미국 대통령은 "Read My Lips"라며 자신이 대통령으로 당선되면 세금을 신설하거나 올리지 않고 재정적자를 해소하겠다는 선거공약을 어기고 증세를 강행했다가 1990년 중간선거와 1992년 대선에서 패배하는 등 조세저항에 무너졌다.

이와 더불어 서양에서는 "국가가 세금을 거두는 것은 강제노동을 강요하는 것과 다르지 않다"는 미국 자유주의 사회철학자 Robert Nozick 등의 비판적인 입장에서부터 "세금은 문명사회에 사는 대가"(Taxes are the price we pay for a civilized society)라는 Oliver Wendell Holmes, Jr. 미국 대법관이나 "세금은 시민권의 연회비"(This annual price of citizenship)라는 John F. Kennedy 미국 대통령의 견해에 이르기까지 다양하다.

그런데도 프랑스 태양왕 루이 14세의 재상 Jean-Baptiste Colbert가 거위털을 뽑을 때 거위가 고통을 느끼지 않게 살짝 뽑아야 하듯이 세금도 '은밀하게' 걷어야 한다는 징세론을 주창할 정도로 조세저항은 매우 컸다.

나우루 공화국민의 착각

동서고금을 막론하고 세금을 좋아하는 국민은 없다. 그렇다면 세금을 전혀 내지 않는 나라가 좋기만 할까? 독자 여러분은 세금이 없던 남태평양의 초미니 국가 새똥 섬 '나우루 공화국'의 비극을 들어본 적이 있는가?

이 자그마한 나우루(Nauru)는 $21km^2$(울릉도의 3분의 1 수준)의 국토와 인구 1만 명을 보유한 오세아니아의 미크로네시아에 있는 섬나라다. 이 나라는 바닷새 배설물과 산호층이 풍부해 인산질 비료와 도금의 주원료인 인광석이 많이 났다. 인광석 수출을 통해 1970년대에는 1인당 GDP가 미국의 2배에 달하고, 1980년대에는 2만 달러가 넘어 세계 2위의 부자 나라에 등극하기도 했다. 1968년 독립 이후 인광석을 국유화하고 공평한 분배를 통해 국민에게 세계 최고의 복지 혜택을 제공했다.

세금은 전혀 내지 않는 반면 교육, 의료, 주택, 대중교통이 모두 공짜였으며 전 국민에게 매년 1억 원씩을 지급했다. 일반인이 자가용 비행기로 해외 쇼핑을 하고, 걸어서 네 시간도 안 되는 18km 섬 일주도로 위에는 람보르기니와 포르쉐가 즐비했다. 그러나 30년간의 번영은 2000년대 인광석이 고갈되고 국가 기능이 대부분 마비되면서 종료된다. 나라 살림의 근간인 조세수입이 없어 경제발전의 도모보다 주어진 자원의 혜택에만 의존했으며, 먹고 놀고 여행하는 습관만 남은 국민은 성인 90%가 비만이고 40% 이상이 당뇨병에 시달렸다. 이후 나우루 공화국은 호주 난민 위탁 수용, 테러리스트에 돈세탁 제공 등을 자행하다 세계 최빈국으로 전락했다.

최근에는 무리한 인광석 채굴로 섬의 고도가 낮아져 기후변화로 해수면이 높아질 경우 나라 전체가 통째로 가라앉을 위기에 놓였다. 특히 과거 세금이 전혀 없었던 나우루 공화국의 조세 부담률이 2020년 현재 48%로 2위 덴마크(38%)보다도 훨씬 높은 세계 1위라는 사실은 아이러니가 아닐 수 없다. 결국 동서고금을 막론하고 모두가 싫어하는 세금이지만 국가 공동체가 유지·번영하기 위해서는 어느 정도의 세금은 반드시 필요하다는 점을 일깨워 주는 사례다.

역사 속 진기한
세금 이야기[*]

로마제국 시절에 오줌세(또는 화장실세)가 있었다. 베스파시아누스(Titus Flavius Caesar Vespasianus Augustus, A.D. 9~79) 황제는 고갈된 황실재정을 채우기 위해 세제(稅制)를 정비하면서 일명 '오줌세'를 신설했다. 당시 양모 가공업자들은 공중화장실에서 오줌을 수거하여 양털에 묻어 있는 기름기를 제거하고 있었는데, 수거한 오줌에 세금을 부과하여 양털가공업자들에게 납부하도록 했다. 그래서 오줌세라는 별명이 붙었다.

영국에는 난로세가 있었다. 영국은 네덜란드, 스페인, 프랑스 등과 계속되는 전쟁 와중에 전비(戰費)를 충당하려고 1662년 난로세를 신설했다. 세율은 난로 하나당 2실링씩인데, 나름 가난한 가정을 배려했다. 빈곤층은 교회에서 '빈곤증명서'를 발급받아 제출하면 난로세를 면제받았기 때문이다. 난로세의 결정적인 문제점은 과세 대상인 난로의 수를 파악하기 위해 세리(稅吏)들이 집안에까지 들어왔다는 것이다. 워낙 반감이 심하다 보니 세리들이 납세자들에게 죽임을 당하는 일도 있었다고 한다. 당연히 '빈곤증명서'를 발급하는 과정에서도 부정부패가 발생했다.

---

* 이하, 배진영에서 발췌, 인용

결국 난로세를 폐지할 수밖에 없었는데, 그럼에도 전비 충당을 위한 노력을 게을리할 수 없었으므로 집안에 들어가지 않고 과세 대상을 파악할 수 있는 세원(稅源)을 찾았다. 그것이 창문이었고, 1696년 그 유명한 창문세가 만들어졌다. 창문세로 한 건물에 6개까지는 면세, 7~9개면 2실링, 10~19개면 6실링, 20개 이상이면 8실링을 부과했다.

사람들은 세금을 내지 않으려고 아예 창문을 없애버렸다. 이런 형태의 집들은 지금도 남아 있다. 심지어 창문을 없애서 햇볕을 쬐지 못하게 되자 국민의 건강이 악화되었다는 주장까지 나왔다고 한다. 그럼에도 영국에서 창문세는 1851년까지 존속했다. 창문세는 백년전쟁 중에 영국과 프랑스에서 이미 도입한 적이 있었다고 한다. 프랑스에서는 대로변에 난 창문을 기준으로 세금을 물리자, 대로변의 창문은 없애고 집 뒤편이나 중정(中庭) 쪽에만 창문을 내는 형태의 집을 짓기도 했다고 한다.

제정(帝政) 러시아의 가구세(家口稅)와 수염세도 흥미롭다. 러시아의 표트르 1세(Peter the Great)는 농가마다 가구세를 부과했는데, 사람들은 세금을 피하려고 같은 집에 모여 살면서, 가구마다 입구를 달리하는 방식으로 세금을 피했다고 한다. 그러자 표트르 1세는 가옥의 문(입구)을 기준으로 세금을 부과하였고, 농민들은 또 세금을 피하려고 문을 하나만 내고 공동으로 사용했다고 한다.

표트르 1세가 만든 수염세는 수염 기르는 것을 240년간에 걸친 몽골 지배가 남긴 악습(惡習)으로 규정하고 이를 근절하기 위함이었다. 수염세는 수염을 기르는 농부들에게는 1코페이카(100분의 1루블), 도시민에게는 30루블, 상인에게는 60루블, 귀족에게는 100루블을 부과했다. 재미있는 것은 수염을 남자다움의 상징으로 여기고 있던 많은 러시아 남성들이 세금을 내고서라도 수염을 지키는 쪽을 선택했다는 것이다.

루마니아의 독재자인 니콜라에 차우셰스쿠(Nicolae Ceauşescu)는 금욕세를 시행했다. 그는 강대국이 되려면 인구가 많아야 한다고 생각해서 국민들에게 자녀를 4명 이상 낳으라고 요구했고, 이혼도 금지했다. 이혼을 못 하게 된 부부들이 별거를 선택하자, 금욕세(禁慾稅)라는 것을 만들었다. 의도적으로 아이를 갖지 않은 경우, 연(年) 소득의 25%, 생물학적 문제로 아이를 낳지 못할 경우에도 연 소득의 10%를 세금으로 부과했다. 우리나라에서도 독신세 또는 싱글세가 회자되던 적이 있었는데, 별도의 세금이 있었던 것이 아니고 비슷한 상황인데도 결혼해서 부양가족이 있는 사람은 연말정산에서 더 많이 환급받기 때문에 나온 말이다.

독일에는 스파클링와인세가 있었다. 탄산이 들어간 와인에 매기는 세금인데, 영국과의 건함(建艦) 경쟁이 한창이던 1902년 전함(戰艦) 건조에 필요한 돈을 대려고 도입했다. 재미있는 것은 아예 스파클링와인병에 '이 세금은 독일제국의 전함 건조를 위한 세금'이라는 문구가 적힌 인지(印紙)를 붙였다는 것이다.

세금이 의도하지 않은 결과로 이어지는 재미있는 사례도 있었다.*
1934년까지 네덜란드령 서인도제도의 쿠라사우섬에 있는 아름다운 퀸 엠마 다리(Queen Emma Bridge) 사례다. 이 다리를 이용하는 가난한 사람들의 부담을 덜어 주려고 신발을 신고 다리를 건너는 사람들에게만 통행세를 부과했다고 한다. 그런데 쿠라사우섬의 가난한 사람들은 대부분 자존심이 강해서 자신들의 가난을 인정하지 않았다고 한다. 그래서 굳이 신발을 빌려서라도 신고 다리를 건넜음에 반해, 부유한 거주자들은 통행세를 내지 않으려고 일부러 맨발로 다리를 건넜다고 한다. 이 사례에서 본래 의도와 다르게 세금의 실제 부담이 예상하지 못한 다른 사람에게 옮겨질 수 있음을 알 수 있다.

여성에게 세금을 부과한 인도의 19세기 초 사례를 보자.** 19세기 초 인도의 왕들은 하층계급에 무거운 세금을 부과하는 방식으로 지배력을 강화했다. 어떤 지역에서는 하층계급의 여성들이 집 밖에서 가슴을 가리면 세금(물라크카람, Mulakkaram, 유방세)이 부과되었다. 가슴을 가리는 것은 상류계급 여성의 특권이라 여겼으며, 유방세와 관련된 모든 조치는 하층계급 여성에게 의도적으로 굴욕감을 주려 고안된 것으로 보인다.

이것이 슬픈 이야기인 것은 영국 통치하의 인도 550개 소왕국 중 하나인 트라반코어(Travancore, 현재 인도의 남부지역) 왕국의 체르탈라 마을에

---

* 마이클 킨·조엘 슬렘로드, 『세금의 흑역사』, 세종서적, p159, 2022.
** 마이클 킨·조엘 슬렘로드, 『세금의 흑역사』, 세종서적, p198~199, 2022.

살던 낭겔리(Nangeli)라는 여성이 유방세를 거부하는 항의의 뜻으로 자신의 가슴을 잘라 바나나잎에 싸서 세금징수원에게 주었다. 그녀는 그날 밤 과다출혈로 죽었고, 그녀를 화장하는 동안 그녀 남편도 불 속으로 뛰어들어 자살했다. 소왕국은 바로 다음 날 이 세금을 폐지했다. 체르탈라 마을은 훗날 '가슴을 가진 여인의 땅'이라는 뜻의 뮬라치라람부(Mulachiparambu)라고 불리게 되었다.

세금의
다양한 형태와 유래

나폴레옹전쟁과 남북전쟁으로 도입된 소득세

현재까지도 운영되고 있는 몇몇 조세에 대하여 알아보자. 소득세는 나폴레옹전쟁 중에 영국에서 만들어졌다. 영국은 전쟁 초기에는 물품세(소비세), 관세, 상속세, 토지세 등 전통적인 세금과 전시국채(戰時國債) 등을 통해 전비를 조달했지만 충분하지 않았다. 이에 윌리엄 피트(William Pitt, the Younger, 소(小) 피트) 총리는 1798년 의회를 설득해 「세금 및 세금납부법」을 제정, 소득세를 걷기 시작했다.*** 이 법에 따르면, 먼

*** 영국에서는 토지소득에만 국한되었지만, 1689년 소득세를 시도한 적이 있었다(『세금의 흑역사』, p165, 2022.)

저 소득 수준을 3등급으로 나누어 연간 소득이 60파운드 미만이면 면세, 60~200파운드에 속하는 계층은 다시 소득 구간을 10개로 구분하여 0.83~10%, 200파운드 이상이면 소득의 10%를 과세했다.*

1799년 영국은 소득세를 모든 영국민과 거주민의 소득에 대하여 부과했다가 외국에서 번 소득과 외국인에게서 받은 자산에까지 세금을 부과했다. 국민들이 자신의 총소득을 신고하면 그에 대해 세금을 부과하는 방식이었다. 소득이 60파운드 이하이면 면제, 200파운드 이상인 소득자에게는 최고 10% 세율이 적용되었다. 이와 같은 새로운 소득세는 성공하여 소득세로 전비를 지속적으로 조달할 수 있게 되어 결과적으로 나폴레옹과의 전쟁에서 승리할 수 있었다고 한다. 이 때문에 소득세를 '나폴레옹을 패배시킨 세금'이라고 부른다.

영국은 나폴레옹과의 전쟁에서 승리한 후인 1816년 소득세를 폐지했다. 의회는 소득세가 나중에 다시 실시될 것을 막기 위해 소득세 관련 과세기록을 폐기하라고 명령했는데, 관련 부처인 재무부는 과세기록 사본(寫本) 1부를 폐기하지 않고 몰래 보관했다고 한다. 30년이 지나서 로버트 필(Robert Peel) 총리는 크림전쟁으로 인한 재정위기를 극복하고자 소득세(세율 3%)를 다시 도입하였는데, 이때 몰래 숨긴 과세기록이 요긴하게 쓰였음은 분명하다. 로버트 필 총리는 소득세 도입의 전제조

---

* 이 방식은 지출에 대한 세금과 소득에 대한 직접세가 절반씩 섞인 형태였고, 결과는 실패했다(『세금의 흑역사』, p166, 2022.)

건으로 나폴레옹전쟁 승리 이후 폐기했던 것처럼 국가재정이 정상화되면 소득세를 다시 폐지하겠다고 했지만, 그 약속은 지켜지지 않았다. 정치인들이 약속을 지키는 것이 힘든 것인지, 아니면 한 번 만든 세금을 없애기가 힘든 것인지, 많은 생각을 하게 하는 대목이다.

미국도 남북전쟁 기간 중 북부와 남부 모두 전비 조달을 위해 소득세를 도입했다. 끝날 때까지 10% 정도의 소득세를 부과했다. 에이브러햄 링컨(Abraham Lincoln)이 서명하여 시행된 소득세의 근거법인 1862년 「수익법」은 20년 만에 폐지되었다. 1894년 다시 소득세 법안이 의회를 통과했지만, 연방대법원으로부터 위헌(違憲)판결을 받았다. 그런데 위헌 판결에 대해 당시 미국의 주(州) 가운데 4분의 3이 반대하고 나서, 1909년 연방 상하양원(上下兩院)은 헌법을 개정해 연방정부가 소득세를 징수할 수 있는 근거 규정을 마련했다. 수정헌법은 각 주의 동의를 거쳐 1913년 확정되었고, 1913년 새로운 「소득세법」이 시행되었다. 이후 점차 소득세 과세 대상자가 증가하였고, (한계)세율 역시 계속 높아져 1936년 79%, 1940년 81%로 높아졌고, 최고한계세율이 94%에 이르게 되었다. 이후 로널드 레이건(Ronald Reagan) 대통령 시절에 세법을 개정하여 최상위 구간의 소득세율은 28%로 떨어졌다. 참고로 레이건 대통령의 감세 정책이 1990년대 미국 경제 활황의 밑거름이 되었다는 평가도 있다.

도입된 지 얼마 되지 않은 법인세

소득세와 달리 법인세의 역사는 비교적 짧다. 이는 기업이 경제 활동의 주체로서 자리 잡은 것이 오래되지 않았고, 제도로서 회사에 법인격을 부여하는 과정이 쉽지 않았기 때문일 것이다. 본격적으로 법인세를 징수하기 시작한 것은 20세기 들어서인데, 미국이 1909년 법인세(1%의 단일세율)를 도입했고,* 1920년 독일, 영국과 프랑스는 각각 1947년과 1948년에 도입했다. 우리나라도 1950년부터 독립된 세목으로 징수하기 시작하여 다른 나라에 비하여 그다지 늦지 않다.

소금세(염세, 鹽稅)

프랑스는 영국과의 7년 전쟁에서 패배하여 대부분의 식민지를 빼앗

---

* 미국의 경우, 초기에는 기업이 개인 소유와 파트너십의 형태로만 운영되어 기업 소유주에게 일반 소득세가 개별적으로 부과됐다. 현재도 미국은 사업체가 자영업체(Sole proprietorship), 파트너십(Partnership), 주식회사(Corporation), 유한책임회사(Limited liability company, LLC), 유한책임 파트너십(Limited liability partnership, LLP) 등과 같은 형태로 조직되어 영위되고 있다. 이 중 개인회사는 개인소득세, 파트너십은 2인 혹은 그 이상의 개인이나 단체가 조직한 법인화 되지 않은 사업체로서 세금을 신고하는 단체이지만 납세하는 단체는 아니다(Conduit entity). 각 파트너에게 할당된 소득, 경비, 손실 등을 'Schedule K-1(Form 1065)'에 신고하고 파트너들은 이를 여타 소득과 함께 개인소득세, 주식회사는 일반주식회사(정규 C 법인, C corporation)와 회사수익이 주주 단계에서 과세되는 특수주식회사(S corporation)로 구분되는데, 정규 C 법인은 법인세를 납부, S 주식회사는 법인세를 납부하지 않고 주주들이 소득세를 납부하며 손실도 주주들의 소득과 상쇄가 가능하다. 유한책임회사(LLC)와 유한책임 파트너십(LLP)은 주식회사나 파트너십으로 과세될 수 있는 선택권이 있다(장근호, 『주요국의 조세제도』, 한국조세연구원, p.266~268, 2009).

겼고 오랜 전쟁으로 재정적자 역시 극심했다. 이를 해결하려면 돈이 필요했고, 프랑스는 당연히 세금으로 접근했다. 먼저 프랑스혁명 당시 프랑스의 신분 구조를 보면, 성직자, 귀족, 평민 등 세 계층으로 구성되어 있다. 인구 비율로는 성직자와 귀족이 전 인구의 2%에 불과하고, 나머지는 평민이었다. 문제는 평민들의 토지 소유 비중이 전체의 20%에 불과했을 뿐만 아니라, 성직자와 귀족은 벌어들인 소득의 60분의 1에 해당하는 작위세 정도만 납부한 반면, 평민은 벌어들인 소득의 10분의 1과 수확량의 50%를 세금으로 납부했다고 한다.

그리고 1286년 '가벨(Gabelle)'이라는 염세(鹽稅) 제도가 등장했다. 소금이 생명 유지에 필수불가결하다는 점을 노리고 만든 세금이다. 이후 계속된 염세 제도의 악용으로 1630년에 이르러서는 소금 가격이 원가의 14배, 1710년에는 무려 140배로 폭등했다. 더구나 8세 이상의 프랑스 국민들은 일주일에 한 번씩 왕이 정한 가격과 할당량에 따라 소금을 사야 했다. 그러나 귀족 등 특권층은 가벨(소금세)을 비롯한 많은 세금을 납부하지 않았다. 이런 이유로 가벨을 내지 못한 많은 평민이 감옥에 갔고 심지어 500여 명이 처형되기까지 했다. 이에 소금세에 대한 민중의 증오는 극에 달했고 결국 1789년 프랑스 혁명의 주요 원인 중 하나로 작용했다.

프랑스혁명으로 공표된 1789년 8월 26일 프랑스 인권선언 제13조와 제14조에 조세공평성과 조세법률주의를 명시했다는 점에서 프랑스 사람들이 조세에 얼마나 민감하게 반응했는지를 간접적으로 확인할 수 있다. 참고로 소금세는 프랑스혁명 이후 잠시 사라졌지만, 나폴레옹 때 부활해 1949년까지 유지되었다고 한다.

소비세인 알카발라세

스페인은 부동산과 일부 상품 거래에만 소비세가 적용되다가 16세기 후반 필리페 2세 때부터 알카발라(Alcabala)세가 대폭 확대됐다. 알카발라세는 거래 단계마다 10%씩 부과되는 일종의 소비세였다. 문제는 상품이 거래될 때마다 10%의 세금이 계속 부과되어 서민들의 세금 부담이 급증할 수밖에 없었다는 점이다. 스페인 왕실 입장에서는 좋았겠지만, 신대륙으로부터 유입되는 금과 은 이외에는 별다른 재원이 없었던 스페인은 상공업 발전에 힘을 써야 함에도 오히려 알카발라세로 상공업 발전을 위축시키고 물건을 사는 서민들도 부담스럽게 만들었다. 또한, 1580~1640년 스페인에 합병되었던 포르투갈에도 강제 적용하려해서 국력 낭비를 초래했다. 19세기 초 알카발라세를 폐지했지만, 이즈음에 스페인은 이미 열강 대열에서 멀어진 상태였다. 세금이 국가의 흥망성쇠를 좌우했던 대표적인 사례 중 하나다.

기니아피그, 무역세[*]

소비세와 관련된 일화를 하나 더 살펴보자. 1795년 영국 정부는 가발을 쓰는 사람들이 냄새를 덮으려고 가발에 뿌리는 향분(香粉)을 사용하는 권리에 연간 1기니(Guinea)를 세금으로 부과했다. 당시에는 땋아 늘인 머리가 유행하였으므로 이 세금을 내는 사람들을 기니아피그(Guinea-pigs)라고 불렀다고 한다.

중세에는 유럽 국가의 주 수입원이었던 무역세도 있었다. 영국에서 존(John of England, 재위: 1199~1216) 왕은 수입과 수출에 모두 세금을 7% 부과했는데, 대부분 양모 수출에 대한 세금에서 나왔다고 한다. 이는 전통적으로 통치자들에게 큰 논쟁 없는 오래되고 영구적인 수입원 중의 하나였다. 실제로 외국인에게 세금을 부과하는 것이 부담도 적었다.

통치자들에게 광범위하고 신뢰할 수 있는 수입원의 확보가 필요해지자 소비세가 확대되면서 정규화되었다. 이로 인해 수입품에 대해서뿐만 아니라 특정 제품의 국내 생산에도 세금이 부과되기 시작했는데, 이는 화폐의 등장과 함께 생산과 소비가 특정 소수의 회사와 도시에 집중되었기 때문에 가능했다. 스페인에서는 1342년부터 다양한 제품에 판매세인 알카발라세를, 1590년에 기본 식품에 간접세를 부과했고, 프랑스에서도 1340년대 끔찍한 가벨은 상시로 시행되었다. 실제로 메디

---

[*] 마이클 킨, 조엘 슬렘로드 『세금의 흑역사』, 세종서적, p.157에서 발췌, 인용

치가(家)의 피렌체공화국에서는 1427년 판매세가 소비지출의 평균 6% 를 차지했다.

세금과 투표권

세금을 많이 내는 만큼 누진적으로 투표권을 더 주는 나라도 있었다. 프로이센에서는 공직선거나 투표에서 최고액 납세자에게는 최대 3 표, 중산계급의 시민들에게는 2표, 소득이 낮거나 거의 없는 빈털터리에게는 1표를 주었다. '국가재정에 기여한 바가 클수록 발언할 권리도 크다'는 논리에서였다.

이슬람교의 영토확장과 세금

역사적으로 이슬람교를 믿는 민족인 오스만튀르크 등의 제국이 급속히 세력을 확장할 수 있었던 이유가 낮은 세금 부담이 큰 요인이었다는 주장이 있다. 수입의 10%를 교회에 납부해야 하는 기독교의 십일조와 달리 이슬람교의 자카트(Zakāt)는 연간 총수입 중 생활비, 교육비 등을 지출하고 남은 순수입의 2.5%를 신자가 직접 어려운 이웃에게 기부하면 된다. 또 이슬람교로 개종하면 토지세와 인두세 등을 면해 주었다.

미국의 독립과 세금

미국의 독립전쟁도 역시 세금 문제가 발단이었다는 것은 주지의 사실이다. 간략하게 살펴보면, 영국은 7년 전쟁(1756~1763년) 이후 지출한 전비와 식민지 주둔군의 비용을 충당하기 위해 「설탕법」(1764), 「인지세법」(1765), 「타운센드법」(1767), 「차법(Tea Act)」(1773) 등을 잇달아 제정하여 아메리카 식민지에 세금을 부과했다. 특히, 「차법」은 영국 동인도회사가 아메리카 식민지에 직접 차를 팔 수 있게 한 법률인데, 이로 인해 차 수입업자들이 자신들의 돈벌이가 형편없어지자 '보스턴 차 사건(Boston Tea Party)'을 일으켰고, 이것이 빌미가 되어 식민지 대표들로 구성된 제1차 대륙회의(1774년)가 열렸다. 이들은 영국 헌정의 전통을 원용(援用)해 '대표 없이 과세 없다'는 슬로건을 내걸고 영국과 전쟁을 하게 되었다. 이후 1776년 7월 4일 독립을 선언했고, 7년간의 전쟁 끝에 1883년 완전한 독립을 쟁취했다.

4차 산업혁명과 조세

마지막으로 4차 산업혁명 시대를 맞이하여 전 세계적으로 논란이 되는 디지털 상품과 관련한 과세 논의를 살펴보자. 주지하다시피 스마트폰 환경에서 누구나 사용하고 있는 각종 App 상품을 비롯한 디지털 상품은 무형이고, 인터넷망을 통해 유통되기 때문에 과세 과정에서 여러 가지 문제가 발생한다. 유형 상품은 국경을 넘을 때 세관에서 세원 파악이 가능하지만, 무형이면 국경을 넘는 사실조차 파악하기 어려워 세원 포착이 어렵다. 이를 이용하여 구글(Google)과 애플(Apple)로 대표되는 다국적 IT 기업들이 조세피난처에 사업장을 두고 인터넷망으로 전 세계에 디지털 상품을 유통하여 막대한 규모의 수입을 세계 각국으로부터 벌어들이면서 조세 납부를 회피해 왔다.

이러한 조세회피 문제를 해결하기 위해 유럽연합(EU)은 많은 논의 끝에 2015년 1월부터 디지털 상품에 대한 부가가치세에 대해 공급지 과세원칙(Origin principle of taxation)을 철폐하고 소비지 과세원칙(Destination principle of taxation)을 적용했다.* 우리나라 역시 2015년 7월부터 「부가가치세법 제53조의2」를 신설하여 해외 디지털 상품에 대해 소비지국 과세원칙을 적용하고 있다.

이외에도 데이터세, 로봇세 도입 가능성이 논의되고 있다. 최근 거대 다국적 IT 기업들과 국내 플랫폼 기업들이 개인정보를 수집해 빅데이터화한 후, 인공지능을 활용하여 필요한 정보로 가공해 막대한 수익을 올리고 있지만 정보 제공자인 개개인들은 이에 대한 보상을 받지 못하고 있다. 이에 국민 개개인의 인적 정보를 사용한 기업에 대해 그 대

---

* 재화나 용역의 국제 거래에서 부가가치세 부과 기준에는 생산지를 기준으로 과세하는 공급지 과세원칙과 소비지를 기준으로 과세하는 소비지 과세원칙이 있다.

정치에 속고 세금에 울고

가를 국가가 '데이터세'라는 조세의 형태로 징수하자는 주장이 제기되고 있다. 데이터를 사용함에 따른 대가를 징수한다는 점에서 앞에서 설명한 IT기업의 이익에 과세하고자 하는 디지털세와는 차별화된다. 또 인간과 동등한 지능을 가진 로봇의 시대를 맞아 대량 실업이 현실화될 우려가 제기되자 인간 노동을 대체하는 로봇에 대해 세금을 부과하자는 논의가 시작되고 있다. 유럽에서는 이미 인공지능 로봇에게 전자인격(Electronic person)을 부여할 것을 결의하였으며, 인격의 부여는 현행 조세 체계에서 인공지능 로봇을 법인(Juridical person)처럼 과세 대상에 포함하기 위한 전제로 볼 수 있다.

제4장

세금의 한국사

고조선부터
고려까지

김낙회(2019)에 따르면, 우리나라는 최초의 국가인 고조선(B.C. 2333~B.C. 108)에서 조세에 관한 흔적을 발견할 수 있다고 한다. 우리나라 고조선의 세제로 8대 임금 오사함이 생산량의 1/90 과세를 시작했고, 15대 임금 벌음이 1/80로 인상했다. 한편 맥족(貊族, 웅족, 웅씨족, 단군족)의 전부(田賦, 토지세)는 생산량의 1/20이었다는 중국 맹자(孟子)의 기록도 있다. 중국 역사서 『시경(詩經)』에 고조선이 농토를 정리해서 세금을 매겼다는 기록이 있고, 『맹자(孟子)』에는 고조선에서 20분의 1을 세금으로 징수했다는 기록이 있다. 심지어 "맹자는 당시 중국에 비해 월등히 낮은 세금으로 단군조선이 유지될 수 있었던 것은 규모가 큰 사원이나 궁궐 등을 건축하지 않고 지배귀족이 검소한 생활을 했기 때문"이라고까지 기술하고 있다고 한다.

이후 중국의 조세 제도를 받아들여 조선시대까지는 조·용·조의 형태가 지속되었다. 고려시대에는 토지에서 생산되는 수확물의 일부를 수취할 수 있는 권리, 즉 '수조권(收租權)'을 행사하여 세금을 징수했다. 세금 징수는 국가 업무에 봉사하는 관료(개인)나 관청에 수조권을 위임·운영하여 서양에서 세리를 이용한 것과 유사하다.

고려의 관료들은 전시과(田柴科) 제도를 통해 토지를 받아 수조권을 행사하여 국민들로부터 조세를 거둔 뒤, 그중 일정량을 국가에 납부했다. 고려 말 과전법 규정에 따르면 "모든 공전과 사전의 조(租)는 논 1결에 조미 30두, 밭 1결에 잡곡 30두를 거둔다. 능침전(陵寢田)·창고전(倉庫田)·궁사전(宮司田)·공해전(公廨田)·공신전(功臣田) 외의 토지를 가지고 있는 사람은 모두 논 1결에 백미 2두를 세(稅)로 내고 밭 1결에 황두 2두를 세로 낸다"라고 기술하고 있다.

역사적으로는 조(租)와 세(稅)를 구분했었다. '조(租)'는 토지 경작자가 토지 소유자(국가 또는 개인)에게 내는 지대(地代) 또는 사용료를 의미하고, '세(稅)'는 토지 소유자가 국가에 내는 세금을 의미한다.* 고려시대의 조·용·조는 구체적으로 조(租)로는 십일세와 답험손실법, 용(庸)에는 신역(身役)과 호역(戶役), 조(調)는 가구당 세금으로 공물, 세공, 공 등이 있었다.

이와 같은 조세 제도를 운영하던 고려가 멸망한 것도 역사가 그렇듯이 세금과 밀접한 관련이 있다. 앞서 언급한 수조권이 남용되면서 문란하게 운용된 것에 기인한다. 본래 관료들의 수조권은 관직에서 물러나면 국가에 반납해야 했다. 하지만 퇴직 후에도 관료들은 갖은 방법을 동원해 수조권을 유지하려 했고 심지어는 세습까지 했다.

---

* 그러나 개인의 토지 소유가 제한되면서 조와 세를 모두 국가가 징수함에 따라 양자의 구분이 모호하게 되었고, 오늘날에도 구분하지 않고 조세 또는 세금이라 부르고 있다.

이와 같음에도 고려왕실은 퇴직으로 공석이 된 자리에 새로운 관리를 계속 임명하면서 그들에게도 당연히 수조권을 부여할 수밖에 없었다. 이것이 누적되자, 토지에서 수조권을 행사할 관료가 한 명이 아닌 여러 명이 되는 지경까지 이르렀다.

또 원 간섭기 이후 고려는 토지 소유의 양극화, 민의 유랑과 노비의 급증 등 사회·경제적 문제가 심화되고 있었다. 사원도 예외는 아니어서 토지겸병(土地兼倂)과 상업 등으로 막대한 부를 축적했다. 이 와중에 승려와 소속 노비의 수가 크게 늘어 몇몇 귀족들과 특권층 승려들의 배가 불어났지만, 세금을 걷을 수 있는 수조지(收租地)가 줄고 역(役)을 담당하는 양인이 대거 승려가 되거나 노비로 전락한 상황은 국가의 재정 기반을 심각하게 위협했다.

이는 세 부담을 급증하게 했을 것이니, 견디지 못한 농민들은 농토를 버리고 떠돌거나 다른 방식으로 생계를 유지할 수밖에 없었을 것이다. 여기에 더해 고려 말 지배세력인 권문세족(權門勢族)이 수탈과 겸병을 통해 토지를 불법적으로 획득해 나가면서 고려 왕실의 재정은 거의 유명무실하게 되었다. 이런 세금 문제가 누적되어 고려는 멸망의 길로 가게 되었다.

국가 수조권을 바탕으로 한 조선의 과전법

조선은 일등 개국공신인 정도전이 고려의 토지 제도와 관련된 조세 제도의 문제점을 해결하고자 토지 제도를 '계민수전(計民授田)'을 통한 '정전제(井田制)'로 개혁하고자 했으나 실행되지 못하고, 그 대안인 과전법(科田法)을 시행하게 되었다. 조선 개국 1년 전인 1391년 반포된 과전법은 백성에게서 소출을 받을 수 있는 수조권을 직급에 따라 관리들에게 나누어 주는 제도인데, 토지의 범위를 경기도로 국한했고 나머지 지역의 토지는 모두 국가가 수조권을 행사할 수 있게 국유화했다. 과전법은 백성들이 납부하는 소출의 양도 수확량의 1할(10%)로 제한했고, 수조권을 가진 관료 역시 받은 소출의 일부를 세금 형태로 다시 국가에 납부하도록 했다. 특히, 전분 6등과 연분 9등제가 시행되었다.

조선시대의 세금은 전세(田稅), 역(役), 공납(貢納) 세 가지로 대별된다. 전세는 경작 토지 면적을 기준으로 한 농업 생산물의 세금, 신역(身役)은 각각의 백성마다 수행해야 하는 국역(國役)과 부정기적인 요역(徭役) 동원, 공납은 각 지방에서 나는 토산품을 현물 그대로 중앙에서 직접 수취한 것이다.

정치에 속고 세금에 울고

성군 세종의 탁월한 위민 세정

우리의 역사에서 세금하면 빼놓을 수 없는 왕이 세종이다. 세종은 세금과 관련된 제도를 그 누구보다도 신중하게 변화시키려 했던 임금이다. 세금이 현실에서 국민들에게 어떤 영향을 미치고 있는가를 면밀히 관찰을 했다는 점에서 세금에 관한 한 로마의 아우구스투스 황제에 버금가는 임금으로 인식되기 충분하다. '연분9등-전분6등'이라는 토지에 부과되는 세금 제도가 세종의 위대함을 보여주는 좋은 사례 중 하나다. 세종은 이른바 답험손실법(踏驗損實法)에 의해 지방수령의 판단으로 수확량을 결정해서 세금을 부과하는 것이 가져온 문제를 직시하고 중국 하나라시대 사용했던 공법(貢法) 도입을 검토할 것을 제안했다. 세금 부과에 객관성을 확보함으로써 지주와 관료 간 세금비리의 원천을 차단해 보자는 것이었다.

1430년에 시작된 이 논의는 당시 기득권 세력으로부터 강한 반발을 불러일으켰다. 그러나 세종은 인내하며 그들을 설득해 나갔다. 역사상 최초의 국민투표를 실시하기도 했다. 전국 17만 명을 대상으로 찬반을 묻도록 해서 60%의 찬성을 얻어냈다. 그러나 과반수를 넘었음에도 바로 시행하지 않고 경상도와 전라도 지역에 순차적으로 시범시행까지 했다. 그렇게 14년이 지난 후인 1444년에 이르러서야 비로소 그해의 작황에 따라 9등급, 그리고 토지의 비옥도에 따라 6등급을 책정한 뒤 세금을 거두는 새로운 제도를 실행했다. 이 제도를 통해 세 부담 역시 삼 분의 일 수준으로 줄일 수 있었고 세무 비리까지 차단할 수 있었다.

이는 세종의 소통정치와 과학과 현실에 기초한 신중한 정책 결정의 대표적 사례라고 할 수 있다. 특히 조세 제도와 조세행정을 동시에 고려하여 세금에 변화를 가하는 '세금 달인'의 전형을 보여주고 있다. 아래의 세종실록 구절 하나하나를 음미해서 세종이 왜 대왕으로 칭해지는가를 다시금 인식해 본다.

> "답험(踏驗)할 즈음에 그 적당한 사람을 얻지 못하여서, 혹은 우매하게도 제대로 살피지 못하기도 하고, 혹은 사정(私情)에 이끌려 손(損)을 실(實)로 하기도 하고 실을 손으로 하기도 하여, 호족(豪族) 또는 부유한 자의 전지는 잘 결실되었다는 것이 많지 않고, 가난하고 천한 자의 전지는 감손되었다는 것이 있지를 않으니, 법으로서 폐단이 많음이 이보다 심한 것이 어디 있겠는가……
>
> (중략)
>
> 공법은 지금 행하지 않더라도 후세 자손들이 반드시 다시 의논하여 행하려는 자가 있을 것이기는 하나, 이제 법제를 이미 제정하여 인민들도 익히 알고 있는 터인지라, 경솔히 버릴 수도 없거니와, 만약 고식적으로 여러 해 미루어 가게 되면, 그 일의 어렵고 쉬운 사정도 다시 거리가 멀게 될 것이다. 나는 경상·전라 양도의 인민들 가운데 공법의 시행을 희망하는 자가 3분의 2가 되면 우선 이를 양도에 시행하려니와, 3분의 2에 미달한다면 기어이 강행할 필요는 없다고 본다. 만약 이 법을 시행하여 어떤 폐단이 생기게 되면 즉시 이를 개정하곤 하면, 거의 그 폐단도 없게 될 것이다. 그러나 내 마음은 반드시 이 법을 시행하려는 것도 아니니, 경들은 이

법의 이해(利害)를 잘 알아서 속히 의논하여 아뢰도록 하라.*"

세 번의 전쟁 후
경제를 살린 대동법의 시행

공납은 보통 군현(郡縣) 단위로 세액을 부과하였는데, 한 고을에 수십 종의 공물이 배정되었다. 공물을 지역의 특산물로 배정하는 경우가 일반적이지만, 해당 지역에서 생산되지 않거나 혹은 극히 생산량이 적은 물품이 배정되기도 했다. 또 군현에서 각 백성에게 공물을 배정하는 것에 정해진 법규가 없어서 가호(家戶) 또는 소유 토지의 면적에 따라 배정하기도 했다.

이런 이유로 공물을 마련하여 납부하는 과정에서 많은 폐해가 발생하였고, 또 관료들의 부정과 농간이 개입할 여지가 많았다. 이것이 임진왜란 이후인 17세기에 이르러서는 공납과 관련된 백성들의 피해가 극심해졌고, 이를 해결하고자 모든 공물을 쌀로 납부하는 대동법(大同法)을 시행하게 되었다.

---

* 국사편찬위원회, 「세종실록 82권, 세종 20년 7월 10일 임진 – 의정부와 육조에서 답험손실법과 공법에 대하여 의논하다」, 『조선왕조실록』, 1438(무오년).

앞에서도 잠시 언급했지만 조선시대 세제개혁의 성공사례라고 볼 수 있는 대동법에 대하여 자세히 알아보자. 대동법(大同法)은 조선 중기인 광해군 ~ 숙종 시기에 지방의 특산물로 바치던 공물을 쌀로 통일하여 바치게 한 세금 제도다. 토지의 결수에 따라 1결당 12두씩을, 또는 산간지역 등 쌀이 잘 나지 않는 지역의 경우에는 삼베, 무명을 납부하게 하였고, 나중에는 동전까지 거두었다. 양반과 지주들은 자신들의 부담이 증가한다는 이유로 반대했다. 그럼에도 지속해서 대상 지역을 늘려 100여 년이 지난 뒤 전국적으로 확대되었다.

1608년(광해군 즉위년) 음력 5월, 중앙에 선혜청(宣惠廳), 경기도에 경기청을 두고 방납의 폐해가 가장 큰 경기도부터 시행했다. 이후 충청도와 전라도에서 부분 시행되었고, 1623년 인조 때 강원도, 충청도, 전라도에도 실시했으나 강원도를 제외한 충청도, 전라도의 대동법은 다음 해에 폐지했다. 1651년(효종 2) 충청도, 전라도는 1658년(효종 9), 경상도는 1677년 숙종 때부터 실시했다. 황해도에는 1708년(숙종 34) 대동법을 모방한 상정법(詳定法)을 실시했다. 이상에서 보았듯이 1608년에서 1708년까지 100년 동안 지역을 넓히면서 계속 추진하여 숙종 때 함경도·평안도·제주도를 제외한 전국에서 시행되었다.

대동법 시행으로 나타난 긍정적인 효과를 정리하면 다음과 같다. 첫째, 국가의 수입이 증대되었고, 공납을 호구 수가 아닌 토지를 기준으로 부과하였기 때문에 농민의 부담이 크게 줄었다. 둘째, 이전에는 물품을 직접 부담하던 것을 관허상인 공인이 등장하여 대동미를 사용하여 구매하는 과정에서 상업이 활발해지고 자본이 발달하는 등 상업을 크게 발달시켰다. 셋째, 상품 화폐 경제가 발달하여 농민층의 분화를 촉진시켜 종래의 신분 질서와 경제를 와해시키는 등 양반 사회를 무너뜨리는 역할을 했다.

삼정의 문란으로 멸망의 길에 들어선 조선

대동법을 실시하고 난 뒤 재정이 점차 나아졌지만, 조선 말기로 오면서 삼정의 문란이 이어져 조선은 멸망의 길로 점차 이행했다. 삼정의 문란(三政-紊亂)이란 조선시대 국가 재정의 3대 요소인 전정(田政)·군정(軍政)·환정(還政)이 문란해졌음을 말한다.

전정의 문란으로 몇 가지 사례를 들어보자. 두 차례 전란으로 많은 땅이 황폐해진 데다가 궁방전·둔전 등 면세지와 양반·토호가 조작한 은결(隱結, 대장에 오르지 않은 땅)을 들 수 있다. 지방의 서리가 공금이나 군포를 사사로이 사용하고 이를 가리기 위해 결세(結稅)를 정액 이상으로 마구 징수하거나, 정해진 액수보다 많이 징수하는 도결(都結)이 있다.

실제로는 토지가 없는데 가전적(假田籍, 가짜 장부)을 만들어 징세하거나 세(稅)를 부과할 수 없는 황폐한 진전(陳田)에 대해서 납세하는 백지징세(白地徵稅)도 있었다.

군정은 장정이 직접 병역을 치르는 대신 군포를 내던 것을 말한다. 이를 영조 때 반감하여 장정 1명에 포(布) 1필로 정하고 어염세·선박세·은결의 결전(結錢) 등으로 부족액을 보충하기로 하는 균역법을 시행했다.

그러나 원래 병역이 면제된 양반·아전·관노들과 정치 기강이 문란해지자 각종 폐해가 등장했다. 이를 제시해보면, 유아도 세포 징수의 대상자로 간주한 황구첨정(黃口簽丁), 사망자에게도 세포(稅布)를 징수하는 백골징포(白骨徵布), 도망자·사망자·행방불명자의 체납분을 친족에 강제 징수하는 족징(族徵), 도망자와 사망자 및 방랑자의 체납분을 이웃 사람에게 대납도록 하는 인징(隣徵) 등이 그것이다.

환곡은 가난한 농민에게 정부의 미곡을 꾸어 주었다가 추수기에 이식(利息)을 붙여 회수하는 것인데, 빈민구제가 아닌 고리대로 바뀌어 그 폐단이 삼정 가운데서 가장 심했다고 한다. 앞에서도 정약용의 시를 살폈지만, 이와 비슷한 삼정의 문란은 결국 나라의 기강을 허물고 일제에 침입의 명분을 주고 말았다.

조선 후기의 환곡 출납 관계에 대한 허위 보고서인 반작(反作), 전임(前任) 관리나 지방의 아전이 결탁하여 창고에 있는 양곡을 횡령·착복하고 장부상으로는 실제로 있는 것처럼 거짓으로 기재하여 후임 관리에게 인계하는 허류(虛留) 등이 있었던 것은 널리 알려진 사실이다.

일제강점기에 도입된
법인세, 소득세

우리나라에 법인세가 처음으로 도입된 것은 일제강점기인 1916년에 일본 「소득세법」 중 「법인소득세에 관한 규정」이 도입, 시행되면서부터다. 1920년에는 법인소득에 한정된 것이기는 하지만, 단독 법규로서 「조선소득세령」이 제정, 공포되었다. 당시에는 개인에게 소득세를 부과하지 않았던 시기였다. 역사적으로 개인소득세가 도입된 이후에 법인세가 도입되었는데, 우리나라는 일제강점기에 순서가 뒤바뀌었다.

1934년에 「조선소득세령」이 대폭 개정되면서 개인에게도 소득세를 부과하였고, 과세소득 범위도 3종으로 나누어 세분되었다. 이 중 법인소득에 해당하는 것은 제1종 소득으로서 이는 다시 보통·초과·청산 소득으로 세분되어 서로 다른 세율이 적용되었다. 정부 수립 후인 1949년 「소득세법」이 새로 제정되면서 법인세와 개인소득세가 독립적으로 부과되기 시작했다. 기존의 제1종 소득세가 독립세법에 의해 법인세로 분리되어 과세되는 한편, 비영리법인에도 과세가 이루어졌다. 소득 금액은 신고로 결정함을 원칙으로 하고, 무신고·과소신고에는 10%의 가산세를 부과했다. 그 뒤 6·25전쟁이 장기화되고 인플레이션이 격화되자, 1951년 「조세특례법」 및 「조세증징법」을 제정하였는데, 법인세 세율을 8단계로 세분하고 소득 조사상 혼란이 있는 법인에는 정부조사에 따른 추징 제도를 함께 채택했다.

휴전성립 이후 1954년 전시 세제가 폐지되면서 법인세 세율은 35%의 비례세율로 환원되었다. 제1차 경제개발 5개년 계획이 시작된 1962년에 법인세를 개편했고, 1963년에는 개발재정을 마련할 목적으로 세율을 상향 조정했으며, 1965년에는 세율 구조를 변경했다. 1960년대 말에는 민간자본의 투자의욕을 조장하고 조세유인을 강화하기 위해 세금감면 제도를 폐지하고 투자공제 제도를 두었으며 감가상각 제도를 정비했다. 공개법인 및 수출산업 육성을 위해 세율을 조정하고 이들을 과세상 우대했다. 1974년에 세율 구조를 개편해 초과누진세를 단순누진세로 전환했다.

우리나라에 소득세제가 도입된 것은 앞서 언급했듯이 1916년 일본의 「소득세법」 중 법인에 관한 것을 옮겨 시행한 것이 최초이고, 1934년의 세제개편에서 일반소득세를 규정하면서 본격화되었다. 일반소득세는 개인과 법인을 분리하지 않고 법인소득에 대해서는 제1종 소득세를, 개인소득에 대해서는 제2종·제3종 소득세를 부과하였고, 과세방법은 소득원천에 따라 개별과세하는 분류소득세제를 채택했다.

이 체계는 광복되기까지 계속되다가, 정부수립 후 1945년 7월 15일에 개인소득세제가 단독법률(법률 제33호)로 제정되었다. 1954년에는 조세 부담을 공평하게 배분하기 위하여 종래 분류소득세 체계만으로 과세하던 것을 분류소득세와 종합소득세를 병행, 과세하는 제도로 개편했다. 그 뒤 「소득세법」은 수차례에 걸쳐 부분 또는 전면개정되면서 현재에 이르고 있다.

제3부

세금 포퓰리즘 대책

제5장

세금, 알아두면 쓸모 많은
신기한 세금 잡학

벌 때 내는 세금:
소득세, 법인세

우리는 누구나 경제 활동을 할 때가 되면 취업하거나 사업을 해서 '돈을 번다'거나 '돈을 벌고 싶다'고 얘기한다. 취업해서 버는 근로소득이나 사업해서 버는 사업소득이나 얼마라도 세금을 내는 것이 당연하다. 이때 노력해서 번 돈에 과세하는 것이 소득세다.

우리가 알고 있는 회사라는 곳도 세금을 낸다. 사람(자연인)이 아닌 회사도 세금을 내는 납세자라는 것이다. 이들이 내는 세금은 소득세라고 하지 않고 법인세라고 한다.

정리하면 소득세는 자연인(개인)이 번 소득에 대한 세금이고, 법인세는 법인(개인과 같이 마치 인격 또는 생명이 있어 경제 활동을 하고 있다고 법으로 인정한 실체)이 번 소득에 대한 세금이다. 우리나라에서 소득세를 '개인소득세(Personal income tax)', 법인세를 '법인소득세(Corporate income tax)'라 하지 않고 자연인의 소득에 대해서는 소득세, 법인의 소득에 대해서는 법인세라는 용어를 사용하고 있다.

소득세, 8가지 분류

먼저 소득세에 대하여 살펴보자. 소득에는 어떤 것이 있는가? 우리나라 세법에 따르면, 이자·배당·사업·근로·연금·기타·퇴직·양도소득의 8개 소득으로 구분하고 있다. 소득의 신고 및 납부는 이자·배당·사업·근로·연금·기타 소득의 6개 소득의 경우 종합소득으로 합산하여 신고 납부한다. 반면 퇴직소득은 퇴직소득세로, 양도소득은 양도소득세로 다른 소득과 별도로 신고 납부하는 형태를 취하고 있다. 다시 말하면, 소득의 종류는 8개가 있지만, 신고 및 납부는 종합소득세, 퇴직소득세, 양도소득세의 세 가지로 구분한다는 것이다.

과세유형에는 원칙적으로 모든 소득을 종합하여 과세하는 종합과세가 원칙이지만, 분류과세와 분리과세 방식도 보충적으로 사용된다. 공평한 과세를 위해서는 모든 소득을 합산하여 과세하는 종합과세가 타당하다. 다만, 1년을 초과하여 장기간 형성된 소득인 퇴직소득이나 양도소득은 일시에 합산하여 과세하게 되면 세 부담이 과중하게 되어 이에 해당되는 소득은 별도로 과세하는데 이를 분류과세라고 한다. 한편, 과세과정에서 징세 및 납세비용이 더 커지는 문제를 해결하기 위해 소득을 수령할 때 세금을 징수하는, 즉 원천징수로 납세절차를 종결시키는 것을 분리과세라고 한다.

우리나라 국민들이 대부분 공평한 과세가 이루어졌으면 하는 바람일 것이다. 공평한 과세는 수평적 공평과 수직적 공평의 두 가지 기준이 충족되어야 한다. '수평적 공평'이란 부담능력이 같은 사람은 같은 금액의 세금을 부담해야 하며, '수직적 공평'이란 더 큰 부담 능력을 가진 사람은 더 많은 세금을 부담해야 한다는 것을 말한다. 수평적 공평을 달성하기 위하여 모든 소득을 종합하여 과세하는 종합과세를, 수직적 공평을 달성하기 위하여 높은 소득에 대해서는 더 높은 세율을 적용하는 누진세율 제도를 운영하고 있다.

소득세의 납세의무자는 개인이다. 그런데 국민 거의 모두 알고 있듯이 개인이 버는 소득 전액이 세금부과 대상 소득인 것은 아니다. 즉, 소득취득에 소요된 비용 등을 공제하고 세금부과 대상 소득을 계산한다. 예를 들어, 근로소득자에게만 적용되는 근로소득공제를 비롯한 각종 공제(배우자공제, 자녀공제, 의료비, 무주택근로자에 대한 공제 및 맞벌이 부부에 대한 특별공제, 기부금공제, 각종 보험료공제, 교육비공제, 신용카드공제 등)가 있다.

또 내야 할 세액을 일정 부분 차감해 주는 제도는 세액공제라 하는데, 다양한 세액공제(근로소득세액공제, 배당소득세액공제, 기장세액공제, 저축세액공제 등)도 있다. 참고로 소득공제는 고소득층에, 세액공제는 저소득층에 상대적으로 유리하다고 평가되고 있다.

세금을 부과하는 단위인 과세단위는 개인과 가족, 즉 가구단위로 구분되나, 우리나라는 개인단위로 과세하고 있다. 이와 관련하여 어떤 두 사람이 결혼한다고 해서 그들의 세 부담이 달라져서는 안 된다는 결혼중립성 원칙이 있고, 이 원칙에서 결혼장려금 또는 벌금(Marriage bonus or penalty)이란 개념이 도출된다. 결혼장려금은 결혼으로 인해 납세액이 개인납세액의 합보다 줄어드는 경우, 그 증가분을 의미한다.

한편, 최근의 급격한 물가상승으로 인해 실질소득이 증가하지 않았음에도 물가상승 이전보다 더 높은 세율을 적용받아 오히려 납세액이 늘어날 수도 있다. 이를 해결하기 위해 물가를 반영하여 제도를 조정하는 물가연동(Price indexation) 소득세를 도입하자는 견해도 있다. 우리나라도 미국과 같이 물가연동 소득세를 도입하겠다는 논의가 간헐적으로 있었지만 아직까지 도입하지 못하고 있다.

법인세, 말도 많고 탈도 많은 세금

다음은 법인세에 대해서 살펴보자. 법인세는 앞서 언급했듯이 자연인이 아니기 때문에 법인세 자체에 대한 찬반 의견이 대립되고 있다.

먼저 반대의견은 모든 조세 부담을 결국 개인이 지는 것이므로 법인에서 발생하는 소득도 개인으로 귀속시켜 그 개인의 다른 소득과 합하여 과세해야 한다는 것으로, 일명 통합주의 견해(Integrationist)라고 한다. 찬성의견은 현재와 같이 기업들이 경제에서 차지하는 비중이 커진 상황에서 법인들이 스스로 존재하는 법적 실체이며, 나름 강한 독자성을 갖고 있을 뿐 아니라 그들이 갖는 사회적인 영향력이 점차 커지고 있는 현실을 감안해야 한다는 관점에서 법인에게 독립적이고 절대적인 조세를 부과하는 것이 타당하다는 것이다. 이를 절대주의(Absolute view) 견해라고 한다.

법인소득의 과세대상은 일정한 기간(통상 1년) 동안 얻은 수입에서 사업 활동에 소요된 여러 가지의 비용을 뺀 것이다. 법인세도 소득세의 필요 경비항목 설정 문제와 마찬가지로 수입이나 비용에 어떤 항목을 포함시키고, 어떤 항목을 제외해야 되느냐에 많은 논란이 있다. 따라서 시대변화에 맞추어 법인세의 경우 적절하게 변경하면서 운영할 필요가 있다.

앞서 법인세 부과에 대한 찬반 견해가 있다고 언급했다. 이와 관련해 법인세를 (개인)소득세와 통합해야 한다는 논의도 오랫동안 있어 왔다. 통합방법은 완전통합과 부분통합으로 구분되는데, 완전통합방식에는 조합방식(Partnership method)과 자본이득방식(Capital gains method), 부분통합방식으로는 귀속 제도(Imputation system)와 이중세율 제도(Split rate system), 배상세액공제방식 등이 있다. 참고로 조합방식은 법인의 주주를 마치 법인화되지 않은 조합의 조합원(Partner)으로 간주하는 것이다. 즉, 법인의 이윤을 주주에게 완전하게 귀속시킨 다음 주주에게 소득세를 부과하는 것이다. 자본이득방식은 법인세를 철폐하되 주가상승 등 실현되지 않은 자본이득에도 소득세를 부과하는 방식이다.

쓸 때 내는 세금:
소비세

우리가 소득을 획득하고자 하는 이유는 주로 소비를 위한 것이다. 이 때문에 성년이 되면 경제적으로 자립하려고 취업이나 창업을 하는 것이다. 보통 근로소득자는 세금을 회사에서 원천징수하기 때문에, 소득에서 세금과 사회보험료 등을 원천징수하고 남은 소득으로 소비활동을 한다. 그렇다면 우리는 세금을 납부한 잔액으로 소비활동을 할 때는 세금을 내지 않는가? 이미 알고 있듯이 재화나 서비스에도 세금을 부과하고 이를 포함한 가격을 지불하므로 거의 매 지출마다 세금을 내고 있다. 이것이 바로 소비세다.

소비세는 소비에 대해 부과되는 모든 세금, 구체적으로 상품과 서비스의 소비 또는 화폐의 지출로써 담세력(擔稅力)을 측정하여 과세하는 조세(租稅)로 정의된다. 소비세는 과세대상에 따라 사업자가 공급하는 모든 재화와 용역을 과세대상으로 하는 일반소비세와 개별 재화에 대해서 선별적으로 부과되는 개별소비세로 분류된다.

부가가치세는 일반소비세로서 원칙적으로 사업자가 공급하는 모든 재화와 용역을 과세대상으로 한다. 개별소비세는 보석, 귀금속, 석유류, 승용차, 유흥업소 등에 부과하고 있다. 그리고 주류에 부과되는 주세, 담배에 부과되는 담배소비세, 자동차용 연료에 부과하는 교통·에너지·

환경세 등이 있다.

과거 1970년대 중·후반까지 소비세는 그 종류가 많고 복잡한 체계를 가지고 있었다. 1976년 기존의 8개 세목을 하나로 묶어 소비세 체계를 간소화하고 조세행정을 크게 개선한 「부가가치세법」을 제정하였고 1977년 시행했다. 현재는 농수축산물을 비롯한 일부 품목을 제외한 모든 제품에 부가가치세를 부과하고 있다. 세율은 도입 당시 13%의 단일세율을 기본세율로 하고 경기조절 목적으로 3%p 범위에서 가감할 수 있는 탄력세율 제도로 운영하기로 했지만, 처음부터 3%의 탄력세율을 적용하여 10%로 정하여 현재까지 계속되고 있다. 이런 현실을 반영하여 1988년에 법률을 개정하여 기본세율을 13%에서 10%로 하향 조정하고 탄력세율 제도를 폐지했다.

현재는 세계 각국이 부러워할 정도의 전산시스템으로 완벽한 세무행정체계를 구축하여 운영하고 있어 탈세를 비롯한 각종 부정행위 예방도 가능하다는 평가를 받고 있다. 이는 국세청이 운영하는 홈택스라는 사이트(www.hometax.go.kr)에서 확인된다.

개별소비세란?

개별소비세에 대하여 살펴본다. 개별소비세는 본래 명칭이 특별소비세(사치성 물품의 소비를 억제하기 위해 도입)였는데, 도입 당시 과세대상이

보석·냉장고·세탁기·TV·커피·휘발유·골프장 등 누가 봐도 고소득층만이 구입할 수 있는 29개 품목이었다. 그러나 소득이 증가하면서 일부 품목은 거의 전 가구가 보유할 정도로 필수재가 되어 2007년 12월 「특별소비세법」을 「개별소비세법」으로 명칭을 바꾸었다.

개별소비세의 경우, 품목마다 다양한 세율이 책정되어 있다. 가격을 기준으로 부과되는 종가세인 부가가치세와 달리 수량을 기준으로 부과되는 종량세도 활용하고 있다. 세율도 기본세율과 탄력세율의 두 가지로 운영되고 있다.

여러 개별소비세 중 주세에 대해서만 간략하게 논의해 본다. 주세는 건국 초기에 재정확보를 위한 목적 외에 세금부과를 통한 가격 인상으로 일반 국민의 음주를 줄여 건강제고를 도모한다는 취지로 도입된 것이다. 1949년 「주세법」 제정 당시 알코올함량 1% 이상의 모든 주류에 과세되며 주류의 종류에 따라 달리 세율을 부과했다. 제정 당시에는 종량세 방식이었으나 1967년 말과 1971년 말 세법개정으로 주정을 제외한 모든 주류제품에 종가세로 변경하여 현재에 이르고 있다.

부가가치세는 일부 품목을 제외한 모든 물품에 부과되고, 그 납부의무가 사업자여서 사업자들의 납세 및 제도 준수 비용이 적지 않다. 이는 소규모 영세업자인 소상공인을 비롯한 자영업자들에게는 상당한 부담으로 작용한다. 이들의 불만을 해소하기 위해 간이과세 제도를 운영하고 있다. 간이과세 제도란 영세·소규모 개인사업자의 납세 편의를 위하여 실제 매입세액*이 아닌 업종별로 정해진 부가가치율을 적용하는 특례 제도(「부가가치세법 제61조~제70조」)다. 매입세액 산출을 위한 각종 세금계산서 등의 증빙수집의무를 완화해 주는 제도다.

간이과세 제도를 통해 세금계산서 발급의무도 면제하고, 1년에 한 번만 부가세를 신고 납부하게 해 준다. 간이과세대상자는 종전에는 연매출(공급대가) 4,800만 원 미만인 경우만 될 수 있었지만, 2021년 7월 1일부터 연매출 8,000만 원 미만까지 확대되었다. 간이과세자에게서 받은 신용카드매출전표나 현금영수증은 매입세액공제를 받을 수 있는 증빙(적격증빙)으로 활용할 수 없었던 것이 2021년 7월 1일부터는 매입세액공제가 가능하게 되었다. 유의할 것은 세금계산서 발급의무가 없는 연매출 4,800만 원 미만인 간이과세대상자에게서 받은 것은 여전히 공제가 적용되지 않는다는 점이다.

재산 늘면 내는 세금: 재산세

재산세(財産稅)는 소유하고 있는 재산을 세금 부담 능력으로 판단하여 부과하는 세금으로 우리나라에서는 지방세로 분류된다. 재산세 과세

---

* 부가가치세액은 매출세액에서 세금계산서 등의 증빙을 갖춘 매입세액을 공제해 도출한다.

대상에는 「지방세법 제105조」에 근거하여 토지, 건축물, 주택, 항공기 및 선박 등이 있다. 과세 대상은 「지방세법 제106조」에 근거하여 종합합산과세대상, 별도합산과세대상, 분리과세대상으로 구분된다.

납부 대상자는 매년 6월 1일 당시의 재산을 과세 대상으로 하고, 그 재산을 실질적으로 소유한 사람 또는 법인이다. 과세권자인 지방자치단체가 소유자에게 납세고지서를 발송해 징수한다(고지납부). 실질적 소유자 기준이므로 등기 날짜가 아니라 잔금 완납일 또는 전 주인과의 합의로 사용할 수 있게 된 날이 기준이 된다. 유의할 대목은 불법건축물도 주택분 및 건축물분 재산세가 부과된다는 것이다. 만약 불법건축물에 대하여 재산세를 낼 경우, 소유자로 인정되기 때문에 검사를 거쳐 정식으로 등기할 수도 있고, 남의 땅이었다 할지라도 임차인으로 인정받을 수도 있다.

재산세액은 국가가 정한 시가표준액에 세율을 곱하여 산출된 금액이다. 「지방세법 제111조의2(1세대 1주택에 대한 주택 세율 특례)」에 의해 1세대 1주택에 대해서는 감면이 되고, 「지방세법 제112조(재산세 도시지역분)」에 근거하여 도시지역의 경우, 도시지역분이 해당 자치단체의 조례로써 추가로 과세될 수도 있다.

보통 주택을 소유하고 있는 국민들은 토지분 재산세(매년 9월에 납부)와 주택분(오피스텔 포함) 재산세를 납부한다. 건물 소유자들은 주택을 제외한 모든 건물이 내는 건축물 재산세(매년 7월)를 납부한다.

정치에 속고 세금에 울고

재산세는 개인이 축적한 자산을 주어진 시점에서 측정한 가치에 부과하는 조세다. 재산세는 누진세율 구조로 되어 자산의 가치가 올라가면 더 많은 세금을 납부하여야 한다.

재산세는 소득을 포함한 다른 조건이 같다면 재산규모가 클수록 지불 능력(ability to pay)이 크다고 볼 수 있으므로 능력원칙에 근거하여 더 많은 세금을 내서 부(富)의 집중을 감소시킬 수 있다. 또한, 정부의 국방비 지출을 통한 외적 방어, 지방서비스의 제공 등은 재산가치를 유지하는 데 도움을 주므로 재산세를 편익원칙에 따른 과세라고 보는 견해도 있다. 이런 관점에서 재산세는 능력원칙과 편익원칙을 모두 충족하는 조세라는 평가를 받고 있다.

재산세는 지방세인데, 재산세 성격이면서 국세인 종합부동산세를 논의하지 않을 수 없다. 국세청 홈페이지에 따르면, 종합부동산세는 과세기준일(매년 6월 1일) 현재 국내에 소재한 재산세 과세 대상인 주택 및 토지를 유형별로 구분하여 인(人)별로 합산하여 과세한다. 공시가격 합계액이 각 유형별로 공제금액을 초과하는 경우 그 초과분에 대하여 과세되는 세금이므로 재산세 성격을 가지는 국세다. 재산세의 경우, 부동산 소재지 관할 시·군·구에서 관내 부동산을 과세 유형별로 구분하여 부과하고, 종합부동산세는 2차로 각 유형별 공제액을 초과하는 부분에 대하여 주소지(본점 소재지) 관할 세무서에서 부과한다.

종합부동산세는 국세이나 세수는 부동산교부세의 형식으로 지방자치단체에 전액 배분되고 있으니 실제 지방세 성격을 가진다고 할 수 있다.

종합부동산세는 2005년 부동산 가격안정과 조세 부담의 형평성을 위해 도입되었다. 초기 부부합산과세로 운영하다가 헌법재판소의 위헌 판정으로 2008년부터 인별 합산과세로 전환되었다. 종합부동산세는 세율 등을 조정하여 부동산 가격안정 대책으로 활용되고 있다.

중앙정부와 지방정부에 내는 세금: 국세(國稅), 지방세(地方稅)

우리가 내는 세금은 국세와 지방세로 구분할 수 있다. 우리나라의 경우, 국세는 세무서 또는 국세청이라는 기관을 통해 국가(중앙정부)에 내는 세금으로 법인세, 소득세, 부가가치세, 상속세, 증여세, 종합부동산세, 증권거래세, 인지세, 농어촌특별세, 개별소비세, 교통·에너지·환경세, 주세, 관세, 교육세 등 14개가 있다. 지방세는 시·군·구청 등을 통해 각 지방자치단체에 내는 세금으로 취득세, 등록면허세, 재산세, 주민세, 자동차세, 지방교육세, 지역자원시설세, 지방소득세, 레저세, 지방소비세, 담배소비세 등 11개가 있다.

개인이 납부하는 세금 중 종합소득세, 상속세 및 증여세는 국가에 납부하여 일반회계에 편입되고, 취득세, 재산세, 주민세, 자동차세 등은 각 지방자치단체 회계에 반영된다.

국세와 지방세의 법체계를 간략하게 살펴보자. 국세는 모두 4개의 법체계로 구성되어 있다. 첫째, 개별법으로 「법인세법」, 「소득세법」, 「상속세및증여세법」 등과 같은 법이 있다. 둘째, 「국세기본법」으로 세법 적용의 일반적인 원칙인 수정신고, 경정청구, 세무조사, 조세불복 등을 규정하고 있다. 셋째, 「국세징수법」으로 세금을 실제 거두는 절차를 담고 있다. 세금을 체납할 경우 압류, 매각, 청산 등의 행정절차도 규정하고 있다. 넷째, 국세에 대한 세액공제 감면 등 각종 세제 혜택을 다루는 「조세특례제한법」이 있다.

지방세 역시 국세체계와 유사하다. 2010년 이전에는 국세의 4개 법체계가 모두 「지방세법」이라는 하나의 법에 포함되어 있었지만, 현재는 국세의 법체계와 유사하다. 즉, 개별법 성격은 「지방세법」에 남겨 두고, 「국세기본법」과 유사하게 「지방세기본법」, 「국세징수법」과 유사하게 「지방세징수법」, 「조세특례제한법」과 유사하게 「지방세특례제한법」을 규정한 4개 법체계 형태다.

「국세기본법」과 「지방세법」의 차이를 조금 더 자세히 논의해보면 다음과 같다. 첫째, 국세는 소득이 없으면 세금이 발생하지 않지만, 지방세의 경우 수입이나 소득이 없어도 보유 또는 소유, 거래만으로도 과세가 된다. 예를 들어, 빈 점포를 가진 임대업자나 해외 장기 출장 등으로 자동차를 이용하지 않은 사람도 재산세, 자동차세를 납부한다.

둘째, 국세인 양도소득세, 부가가치세 등 대부분의 세목이 수입에 대해서 스스로 신고하고 납부한다. 소득을 줄여 신고한 경우, 나중에 밝혀지면 가산세가 부과된다. 이에 반해 지방세는 통상 시·군·구청에서 납부 시기가 되면 고지서를 보내는 고지방법으로 과세한다(취득세, 등록면허세 등 일부 세목 제외). 셋째, 국세는 세율과 적용방법이 동일하게 적용되는 데 반해, 지방세는 자치단체 단위로 조례를 별도로 규정할 수 있는 여지가 있어 세율이 다를 수밖에 없다.

쓸 곳을 정한 세금: 목적세(보통세)

목적세(Earmarked tax)는 조세수입을 특정 지출과 직접 연계시켜 징수하는 일종의 특별세(Special tax)다. 목적세의 장점은 다음과 같다. 첫째, 지원이 필요한 특정 분야에 대해서 일정 기간 안정적으로 재원을 확보하여 조달해줌으로써 그 분야의 집중적인 발전을 도모할 수 있다. 둘째, 사용 용도가 명백하므로 납세자를 설득하기가 비교적 쉬우며 조세저항을 최소화할 수 있고, 수익자부담원칙이 적용되면 자원배분의 효율성을 높일 수 있다. 셋째, 목적세의 세입·세출을 수익자부담원칙에 근거해 적절히 연계하면 공공서비스에 대한 소비자 선호를 반영하는 훌륭

정치에 속고 세금에 울고

한 공공선택의 수단이 될 수 있다.

그러나 단점도 명확하다. 목적세는 칸막이식 재정운용으로 예산의 경직성을 높인다. 또한, 예산 제약을 덜 받으므로 지정된 용도의 지출수준을 필요한 수준보다 높일 수 있다. 이러한 한계점에도 목적세 제도가 계속 유지되고 있는 것은 재정수입 증대에 크게 기여하고 있기 때문이다.

현재 우리나라 국세 중 목적세는 3개가 있는데, 교통·에너지·환경세, 교육세, 농어촌특별세 등이 그것이다. 자동차 연료에 부과하여 징수하는 종량세인 교통·에너지·환경세는 본래 교통시설 확충에 드는 재원을 마련하기 위해 신설되었다. 2006년 에너지 및 자원 관련 사업과 환경의 보전과 개선을 목적으로 하는 교통·에너지·환경세로 개편되어 현재에 이르고 있다. 참고로 1994년 도입 당시 종가세였으나 1996년부터 종량세로 전환되었다. 해당 조세수입으로 고속도로 건설 및 보수, 에너지, 환경보호 등에 투입하고 있다.

교육세의 이모저모

우리나라 최초의 목적세인 교육세는 1958년 초등학교(당시 초등학교) 의무교육 실시에 필요한 재원을 마련하기 위해 도입되었다. 1961년 폐지되었다가 1982년 한시법으로 부활된 뒤 현재까지 존속하고 있다.

1994년 도입된 농어촌특별세는 우루과이 라운드 타결에 따라 농어촌 경쟁력 강화를 위한 투자재원 조달을 목적으로 신설되어 현재에 이르고 있다. 농어촌특별세는 국세 중 소득세, 법인세, 특별소비세, 증권거래세, 종합부동산세, 개별소비세, 레저세, 관세 감면액과 지방세 중 취득세와 등록면허세의 감면액 및 레저세 등에 부과되고 있다. 기존 세금을 기준으로 추가 세금을 부과하고 있다.

지방세 중에는 도세인 지역자원시설세와 지방교육세가 목적세다. 한편, 전술한 바와 같이 목적세는 조세수입이 일반적인 재원으로 들어가는 것이 아니라 특정한 용도로만 사용되도록 만들어진 조세라고 했다. 따라서 공식적으로 목적세라 명명되지는 않고 있지만, 국세에 속하는 주세와 종합부동산세는 그 수입이 특정 목적에 할당되어 있다는 점에서 실질적으로 목적세로 분류하기도 한다.

세금 위에 또 세금:
부가세(Surtax)

부가세(附加稅, Surtax)는 다른 조세의 세액 등에 부가(附加)하여 부과하는 조세를 말하는데, 현재 국세 중 교육세와 농어촌특별세, 지방세 중 지방교육세, 주행분 자동차세 등이 대표적인 부가세다(「2022년 대한민국 조세」, p.9). 또는 국가나 지방자치단체가 독자적인 입장에서 과세한 독립적인 조세에 다른 단체가 일정한 조세를 추가로 부과하는 조세라고 정의하기도 한다. 따라서 다른 조세(본세)를 과세표준으로 하여 일정한 세율로서 그 본세의 납세의무자에게 부과 징수하므로 본세의 제약을 받아 과세의 최고 제한율을 설정하는 것이 보통이다.

우리 생활 속의 세금

우리는 매일 세금을 만난다. 실생활 곳곳에서 의식하지 않고 만나지만 실제 세금은 계속 발생하고 사용된다.

아침에 일어나면 이미 개별소비세를 납부한 채 방 한쪽을 차지하고 있는 냉장고를 열어 편의점에서 부가가치세를 납부하고 사온 도시락을 먹는다. 출근할 때는 매년 또는 반기마다 자동차세를 납부한 자가용을 운전해서 출근하며, 퇴근길에는 주유소에 들러 교통·에너지·환경세가 포함된 휘발유를 주유하고, 휴식하면서 피우는 담배에 붙은 담배소비세, 밤에 친구들과 한잔하면서 즐거운 시간을 보내게 해 주는 술에 붙는 주세를 부담하며 우리의 생활과 세금은 불가분의 관계에 있다. 또한, 서점에서 책을 사면 부가가치세는 면세*, 아침에는 면세된 신문을

---

* 도서에는 부가가치세가 부과되지 않지만, 더 기분 좋은 것은 문화비소득공제가 있어 도서

읽고, 점심 먹고 커피숍에서 아메리카노를 사서 마시면 각각 부가가치세를 납부한다. 영화관에서 영화를 보면서, 팝콘을 사면서 내는 돈에도세금이 붙고 전기차 소유자가 전기를 충전할 때에도 세금을 납부한다.

우리의 일상에 없어서는 안 되는 휴대폰에서 내려받은 각종 모바일앱은 우리나라에서 개발한 것은 부가가치세를 내는 데 반해, 2015년 7월 이전에는 해외에서 개발한 모바일 앱을 구입하면 부가가치세가 면세되었다. 그러다가 2015년 7월부터 외국 개발자가 개발하여 판매하는앱을 우리나라 사람들이 구입하면 부가가치세를 납부한다.

해외 직구도 살펴보면, 물품 가격 미화 150달러 이하는 면세 통관되고, 미화 150달러 초과(미국은 FTA 적용으로 200달러 이하는 면세) 시에는 공제 없이 총과세 가격(물품 가격+운임+보험료 등)에 대해 세금을 부과한다.상수도, 즉 물은 생필품이라 부가가치세 면세 대상이라 세금 없이 맘놓고 마실 수 있다.

구매자들에게는 일정한 기준을 충족하면 소득세도 공제될 수 있다. 문화비소득공제는 급여소득자가 도서 구입 및 공연관람, 박물관, 미술관 입장료 구매에 대해 연간 100만 원 한도 내에서 소득공제를 해 주는 제도다. 이는 「조세특례제한법 제126조의2 일부 개정(2017.12.19., 제15227호)」의 신용카드 등 사용금액 소득공제에 포함되므로 신용카드 등으로 도서 구입 및공연관람, 박물관 및 미술관 입장, 신문 구독을 위해 사용한 금액(이하 '문화비')을 추가공제(추가공제한도 100만 원까지 인정)해 주는 것이다. 다만, 연간 총급여액 7,000만 원 이하 근로소득자 중 신용카드 등의 사용금액이 총급여액의 25%를 초과하는 경우, 산식에 따라 계산한 금액(신용카드 등소득공제금액)을 해당 과세연도의 근로소득금액에서 공제하는 조건이있음에 유의해야 한다.

정치에 속고 세금에 울고

이처럼 우리의 생활과 주변을 살펴보면 온 세상이 세금으로 뒤덮여 있다는 느낌마저 든다. 일상생활 중 잠깐 세금을 내지 않을 수도 있지만, 그것도 잠시라고 생각하면 역시 세금과 죽음은 우리가 피할 수 없는 것이 분명하다.

제6장

포퓰리즘 막는
11가지 세금개혁 제안

지금까지 우리가 어떤 세금을 갖고 있고 또 이 세금들에 대해 어떤 불만을 가졌는지 살펴보았다. 그리고 이러한 불만대상인 세금을 이용하여 자행되는 포퓰리즘에 대해서도 상세히 알아보았다. 이제 이처럼 오랫동안 문제투성이가 되어 온 우리의 세금을 바로잡기 위해 무엇을 어떻게 해야 하는지 이야기해보도록 한다.

1 세금 가짓수 확 줄이자

세금 많이 낸다는 불만을 줄여주기 위해 세 부담을 낮추는 것 못지않게 중요한 것은 세금의 종류를 줄이는 것이다. 우리는 국세와 지방세를 합해서 세목 수가 무려 25개에 달할 정도로 OECD 국가 중에서 세금 수가 많은 나라 중의 하나다. 세금의 크기와 더불어 세금의 가지 수도 납세자에게 부담을 주고 나아가 조세 왜곡(Tax distortion)을 야기한다. 이러한 점에서 세금의 수를 줄이는 것도 실질적인 세 부담을 줄여주는 중요한 정책 수단이 될 것이다.

앞서 논의되었듯이 팍스로마나의 전성시대를 이끌었던 아우구스투스 황제는 세금에 대해서 의미 있는 개혁을 단행했다. 조세 제도를 단순화하여 세금의 수를 다섯 가지로 줄여 국민들이 경제 활동을 보다 적극적으로 할 수 있도록 했다. 아우구스투스가 역사상 처음 상속세를 만

드는 데 20여 년의 시간이 걸렸다. 이러한 아우구스투스의 조세개혁 이후 다섯 가지의 세금은 변함없이 고대 로마의 역사와 함께 300년이나 지속되었다.

구분	로마시민[1]	비로마시민(속주민)[2]
직접세	노예해방세 5% 상속세 5%	토지세(속주세) 수입의 10%
간접세	관세 1.5~5%[3] 매상세 1%	

1) 수입세로서의 직접세는 없음
2) 병역에 복무하는 속주민은 제외
3) 오리엔트산 사치품에 대해서는 25%

출처: 시오노 나나미, 『로마인 이야기 6』, 한길사, 1997.

언제 내는지도 모르는 목적세들

목적세가 많다는 점은 낭비 요인이 클 뿐만 아니라 세제를 복잡하게 하게 하는 원인이 된다. 목적세는 주로 세금에 다시 세금을 붙이는 부가세(附加稅, Surtax, Tax on tax) 형식을 취하고 있는데 이는 납세자가 어떤 세금을 내는지 모르게 만드는 데 결정적인 역할을 한다. 자동차를 구입하는 순간부터 소비자가 내야 할 세금은 12가지에 달하는 상황이다.* 이처럼 세금 가지 수를 많게 만드는 건 교육세, 농어촌특별세 등과

---

* 구입 과정 여섯 가지(특별소비세, 부가가치세, 취득세, 등록세, 농어촌특별세, 교육세), 보유과정 두 가지(자동차세, 교육세), 운행과정에서 휘발유에 붙는 세금 네 가지(교통·에너지·환경세, 주행세, 교육세, 부가가치세)

정치에 속고 세금에 울고

같은 목적세 때문이다.

이러한 목적세를 정비하는 것은 중요한 세금 정비의 과제임에도 불구하고 오랜 기간 번번이 실패했다. 이는 목적세의 신설도 다분히 정치적으로 이루어졌기 때문이었다. 방위세(1975년~1990년), 농어촌특별세, 교육세 등 세금 명칭을 보더라도 이들 세금의 도입을 반대하기 힘들 정도로 정치적으로 또는 포퓰리즘으로 도입되고 또 지속되어 왔다. 이러한 목적세는 국방, 농어촌 지원, 교육 등을 위해 거두어 쓴다는 명분이 있지만 다분히 비효율적이다. 왜냐하면 만일 목표로 한 세수입이 달성되지 못하면 다른 예산에서 끌어다 써야 하지만, 목표보다 더 거두어질 경우는 그대로 다 쓰게 되는 낭비 요인이 발생하기 때문이다.

최근 교육세를 통해 징수되는 세수입이 지출대상이 되는 학생 수가 급격히 줄어들어서 남아도는 상황이 생기지만 그대로 다 지출되고 있는 실정을 보면 이를 잘 알 수 있다.

세금 종류와 함께 우리 세금의 구조 또한 정상이 아니라고 할 수 있다. 현재 우리나라 세수 구조는 주요 선진국에 비해 소득과세의 비중이 낮고 소비과세의 비중이 높은 반면 가장 왜곡 효과가 심한 법인소득과세의 비중이 상당히 높은 수준이다(경제적 왜곡 효과는 법인세-소득세-소비세 순으로 낮아진다). 따라서 법인세 비중을 줄이고 소비세 비중을 높이는 방향이 적어도 조세의 효율성 측면에서는 바람직하다.

<그림 6-1> 현행 국세 및 지방세 세목 체계

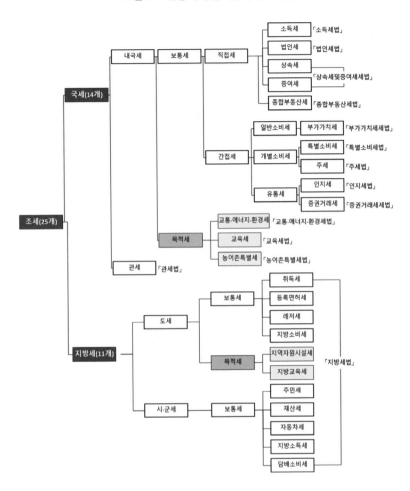

조세체계의 정비와 함께 서식을 간소화하는 것도 납세자들이 알기 쉬운 세금을 만드는 데 있어 중요한 과제라 할 수 있다. 현재 각종 신고 서식은 모든 납세자 유형과 납세 형태를 하나의 서식으로 포괄하고자 함에 따라 상당히 복잡하게 되어 있다. 그만큼 납세자가 현재의 서식으로 신고하기에는 어렵다는 문제가 있다. 따라서 납세자 유형별로 서식의 종류를 다양화할 경우 현재보다 간단하고 명료한 서식이 되어 납세자의 편의가 한층 증진될 것이다.

2 세금 제도, 신중하게 바꾸자

세제개편의 빈도수를 줄이는 것도 우리의 조세 정책에서 반드시 필요하다. 매년 세제개편을 하고, 개편 항목 수도 매년 100개가 넘을 정도인 이러한 상황에서 벗어날 필요가 있다. 세금 가지 수의 축소와 더불어 일관적인 조세 제도는 경제의 불확실성을 줄여 각 경제 주체들이 안정적으로 경제 활동을 할 수 있게 하기 때문이다.

미국과 같은 주요 OECD 국가의 경우, 세제개편을 할 때 신중에 신중을 기하여 수많은 학자와 전문가들이 연구한 결과를 놓고 오랜 기간 토론하고 각종 안을 정리하고 보완하는 과정을 반드시 거친다. 미국의 1983년 세제개편이 아직까지 평가가 이루어지고 있을 정도다. 이런 과정을 통해 마련되는 세제개편은 실제 집행된 후에 과연 '기대했던 효과가 나타나는가'에 대해 철저히 평가하여 차후 세제개편에 반영된다.

우리나라는 세금 하나하나를 법률에 명시하는 조세법률주의를 따르고 있다. 국민들의 세 부담 수준은 국민의 대표인 국회에 의해 결정되는 것이다. 행정부에서도 여러 가지 세법개정안을 제출하지만, 궁극적으로 국회가 결정권이 있으므로 조세 정책의 궁극적인 책임은 모두 국회에 있다. 이러한 측면에서 우리나라 조세 정책 수립과정에서 국회의 역할을 평가하는 것은 조세법률주의 실현을 위해 중요한 과제다.

그런데 우리나라 조세 정책 수립과정을 보면, 조세법률주의에도 불구하고 행정부의 안이 그대로 실현되는 것이 일반적인 관례였다. 조세 정책뿐만 아니라 우리나라 대부분의 정책들이 행정부의 강한 추진력을 바탕으로 이루어져 왔다. 선진국에서 백여 년 이상 걸려 이루었던 경제 성장을 단기간에 압축해서 성장하기 위해서는 국가권력의 견제와 균형보다는 행정부의 강한 추진력이 바탕이 되어야 했다. 그 결과 행정부를 중심으로 한 경제 성장 모형이 개발도상국에 많은 교훈을 주고 있는 것은 사실이다.

조세법률주의가 실질적으로 이루어지기 위해서는 국회의 역할이 대폭 강화되어야 하는데 이는 결국 국회 내에 전문지식 및 정보를 바탕으로 한 전문가 집단이 존재해야 한다는 것이다. 미국 의회는 조세에 대한 전문지식을 바탕으로 한 입법활동과 정보를 체계적으로 행정부로부터 제공받고 있다. 의회 내에는 각 정당의 조세 정책안에 대한 객관적 평가를 연구·분석하는 기구인 상하원 합동조세위원회(Joint Committee on Taxation, JCT)가 존재한다. 이 기구의 기능은 정당의 이해를 초월해서, 각 정당 안에 대한 과학적인 분석·평가를 하는 것이다.

한편 이러한 기능도 납세자들의 개별납세 신고자료가 없으면, 과학적인 분석기능을 발휘할 수 없다는 사실을 인지하고, 의회는 미국 국세청이 국회 내 합동조세위원회(JCT)에 납세자별 신고자료를 의무적으로 매년 제공하도록 법에 규정하고 있다. 납세자들의 신고자료에 대한 공개 폭과 절차를 명시하고 있는 법이 미국 「내국세법 제6103조」이며, 제공할 수 있는 기관과 절차를 구체적으로 명시하고 있다.

조세법률주의를 표방하는 민주사회에서 국민들을 위한 조세개혁안을 입안하기 위해 납세자들의 신고자료를 사용할 수 있도록 하고 있는 것이다.

그랜드 디자인과 정책실명제 도입 절실해

결국 우리에게 필요한 것은 단편적이고 일시적인 세제개편이 아니라 조세 제도와 조세행정 전체를 놓고 장기적으로 가장 바람직한 모습을 그리는 것이다. 따라서 조세 제도개혁의 그랜드 디자인(Grand design)과 실행계획이 필요하다. 바로 이 점에서 앞에서 논의한 중장기 조세개혁 방안의 역할이 중요하다. 「국세기본법」과 「국가재정법」 개정을 통해 5년 이상의 중장기 조세개혁방안을 만들어 국회에서 심의하도록 되어 있는 법적 장치가 실질적으로 가동되도록 해야 한다. 현재 형식적으로 국민의 무관심 속에서 마련되고 심의되는 중장기 조세개혁방안을 국민적 관심 아래 심층적으로 논의하고 수정·보완하는 작업이 반드시 이루어져야 할 것이다.

그리고 납세자를 위한 조세 정책에는 책임성도 중요하다. 누가 이런 정책을 내놓았고 누가 찬성하고 누가 반대했는지를 기록에 남겨야 한다. 잘못된 정책을 내놓은 자들을 벌을 주기 위한 것이 아니라 최소한의 책임감을 갖고 정책을 이야기하고 한 번 한 주장은 끝까지 챙기도록 하자는 뜻에서다.

세제개편 한다는 사실만 중요하지, 하고 난 뒤에 어떤 일이 벌어지는가는 애당초 관심도 없을 뿐만 아니라 책임감도 없었던 지금까지의 풍토도 바로 잡을 수 있을 것이다. 이를 위한 한 가지 방안으로 정책을 입안하고 최종적으로 결정한 당사자를 공개하고 기록하는 정책실명제를 제안할 수 있다. 특히 조세 정책과 관련되어서는 반드시 책임성이 강조되는 정책실명제를 도입해야 할 것이다.

3 모든 세금 정보, 국민에게 공개하자

정보공개 제도는 정책 결정 및 정책 집행, 그리고 정책을 평가를 하는 데 필수적이다. 특히 납세자를 위한 조세 정책을 마련하는데 있어서는 과학적인 정책 평가가 뒷받침되어야 하므로 정보공개가 필수불가결하다고 할 수 있다. 그런데 정보가 많이 공개되면 공개될수록 정부 정책에 대한 비판이 늘어날 가능성이 높기 때문에 정부 입장에서는 정보공개의 폭을 좁혀 납세자들의 비판을 회피할 유인을 갖고 있다. 이에 따라 지금까지 우리나라의 조세정보자료 공개는 아주 제한적으로만 이루어졌다.

그러나 정부에서 소유하고 있는 정보는 국민의 세금으로 이루어진 일종의 공공재적 성격을 가지고 있으므로 국가안보 등과 같은 예외를 제외하고는 모두 국민들에게 공개되어야 한다. 이를 통하여 정부와 국민들 간의 대칭적인 정보관계하에서 정책 방향을 설계해야 한다. 조세 관련 정보는 여과 없이 국민들에게 공개되어야 하고, 정보를 청구할 수 있는 권리는 구체화되어 보호받아야 하며 행정부서의 재량에 의해 가부가 결정되어서는 안 된다.

국세 통계를 개선하는 것도 중요한 과제가 된다. 계층별 세 부담, 납세의식 등의 광범위한 통계를 생산하여 국민의 알 권리를 충족시켜야 할 것이다. 아울러 선진국과 같이 매년 설문조사를 통한 납세협력비용과 징세비용을 추계하여 발표하고 납세의식변화를 분석해야 한다. 이를 통해 경제 주체의 반응과 파급효과를 충분히 검토한 후 조세 제도와 조세행정을 개편해 나가는 자세가 필요하다. 그리고 세무조사 후, 업종별, 직업별 탈세 현황 및 추징액을 공개하는 노력도 국민의 건전한 납세의식을 고취하는 데 도움이 될 것이다.

현행 정보공개 제도 아래서는 행정정보관리체계가 갖추어 있지 않기 때문에 정책 결정 과정에서의 행정정보가 제대로 활용되지 못하고 있으며 부처 간에 정보의 공유수준이 낮아 정책 결정 과정의 효율성을 저하시키고 있다고 평가된다. 따라서 각 정책 결정 과정별 진행 상황을 민간 및 공공부문에서 최단 시간 내에 파악할 수 있도록 각종 정책대안별 진행 상황 DB를 구축하여 공개할 필요도 있다.

정책대안별 DB 구축과 백서 발간

세무조사에 관한 백서를 매년 발간하는 것도 중요한 과제라 할 수 있다. 세무조사 후에 각 업종별 직업별 탈세 규모와 추징액에 대한 평균 통계치를 발표하여, 세무조사 이전과 이후에 대한 정확한 실상을 일반 국민들이 파악할 수 있도록 해야 할 것이다.

특히 탈세 규모에 대한 공식적인 산정은 세무조사 이후에 가능한 작업이므로, 세무조사한 표본을 사용하여 전체 탈세 규모를 산정할 수 있는 방법론을 개발하여야 한다. 세무조사 결과의 백서는 매년 국회에 보고되도록 함으로써 행정부에 대한 국회의 견제기능을 강화할 수 있다.

조세와 사회보험 정책들을 집행하는 데 소득에 대한 정보는 결정적이다. 따라서 소득 파악 업무를 1개 기관에서 중심이 되어 담당하여 소득을 파악한 후, 이들 축적된 정보를 다른 사회보험 정책들에서도 사용하는 것이 타당하다. 이는 행정비용의 절감, 정책협력비용의 절감, 정책간의 일치성 제고라는 편익을 얻을 수 있다. 또 장기적으로는 사회보험 집행기관의 구조조정을 통해 소득 파악 업무에서 벗어나 더 본질적인 개별 정책 업무에 치중할 수 있을 것이다.

또 사회보험의 부과 징수와 소득 파악 업무를 국세청에서 전담하도록 해야 한다. 부과징수의 경우 근로자의 경우 4대 사회보험의 부과징수대상이 되는 근로자의 소득을 동일한 기준으로 만들고 이를 기초로 국세청이 근로소득세를 원천징수하는 업무를 확대하여 사회보험 부과징수를 담당하도록 할 것이다. 소득 파악 업무를 국세청에서 전담해야 하는 이유는 소득 파악 업무는 기본적으로 국민들의 자발적인 신고에 의존해야 하며, 성실한 신고를 유도할 수 있는 정책 수단이 세무조사이기 때문이다.

금융정보, 사회보험자료 등 조세정보로 활용할 수 있는 엄청난 양의 정보를 체계적으로 관리하고 활용하는 것은 납세 편의를 극대화하는 데 결정적인 역할을 하게 된다. 연말정산 시 본인의 각종 금융 및 보험정보를 국세청이 알아서 채워주는 편의는 10년 전만 하더라도 상상하지도 못하던 것이었다. 그래서 앞으로 10년 역시, 급속히 발전해 가는 IT 기술을 충분히 활용해 납세순응비용을 차제에 제로로 만들 수 있도록 노력해야 할 것이다.

4 '탈세 제로'를 향한 투명한 세금 만들자

부가가치세 탈세는 소득세 탈세로 이어진다. 따라서 부가가치세 탈세를 원천적으로 차단할 수 있는 제도적 방안 마련이 탈세를 줄이는 데 핵심이다. 이를 두 가지 단계로 구분할 수 있다.

부가가치세 간이과세 제도 단계적 폐지 1단계 방안은 현재의 업종별 평균 부가가치율을 높이는 것이다. 현재 부가가치율이 실제 부가가치율보다 오히려 낮은 경향이 있기 때문에 평균부가가치율을 실제보다 높게 책정해서 납세자가 실제 매입을 스스로 밝히도록 유도하는 것이다. 즉, 납세자 스스로 간이과세자에서 일반과세자가 되는 것을 선택하도록 하는 방법이다.

2단계 방안은 중장기적으로는 간이과세제도를 폐지하는 것이다. 1단계를 거친 후 간이과세제도를 폐지하는 것은 일시에 폐지함에 따른 조세저항과 납세불편을 최소화하기 위해서다. 간이과세제도를 폐지하게 되면, 부가가치세 대상자는 소액부징수자와 일반과세자로 이원화될 것이다. 그러면 대부분 사업소득자가 매출과 매입을 신고하게 될 것이기 때문에 이들이 기장(간이기장, 일기장 등 어떤 형태로든지)에 의한 소득세 신고도 보다 활성화될 것이다.

탈세 제로를 향한 전자 기장

탈세를 막기 위해서는 근거과세를 확립하는 것이 가장 중요한 과제인데, 기장을 유도하고 과세자료(세금계산서와 영수증) 발생을 원활히 하는 장치를 마련하는 것이 핵심과제다. 종합소득세 확정신고자 대비 기장신고자의 비중은 2020년 귀속소득 기준 50.7%로 절반 수준에 그치고 있다.*

지금은 대부분의 사업자가 기장을 하지 않고 소득 금액을 추계하여 신고하는 이른바 추계과세 관행이 지속되고 있다.** 이에 반해 미국, 영국, 일본 등 대부분의 선진국이 장부에 의한 근거과세를 실현하고 있다는 것을 주지해야만 한다.

근거과세 확립을 위한 중장기 대안으로 전자기장의 도입을 적극 검토할 필요가 있다. 전자기장이란 IC카드를 이용해 매입, 매출을 기록, 정리하도록 해서 사업소득자들의 모든 거래가 자동으로 국세청 전산망에 기록됨에 따라 근거과세 확립의 종착점이 되는 것이다. 이는 급속히 발전하는 정보통신기술을 세무분야에 도입하는 것으로 관건은 전자기장 소프트웨어, 내구성을 지닌 기장장치의 개발과 이를 실현하겠다는 정책 의지에 달려 있다.

---

* 현재 전체 납세인원 통계는 제시하지 않고 있음.

** 기준경비율 또는 단순경비율을 이용한 종합소득세 추계과세자는 확정신고자의 35.6%(2020) 수준.

가산세 제도와 「조세범처벌법」 개선

현재 우리나라의 탈세자들에 대한 처벌규정으로서 「조세범처벌법」의 징역형이나 벌금형에 관한 규정과 각 세법의 가산세 규정이 있다. 그러나 상당 부분의 「조세범처벌법」의 규정은 너무나 가혹하여 실제로 탈세자에게 규정대로 처벌하기가 어려워서 잘 시행이 되지 않고 있다. 반면, 가산세는 과거에 10%의 불신고가산세율과 0.03%의 불성실가산세율을 부가하여 탈세 유인을 줄이기에 미약하다고 했다. 그러나 이제는 과거에 비해 가산세율의 세분화와 세율 인상이 이루어졌다는 점에서는 개선의 과정에 있다고 판단되지만, 선진국에 비해 여전히 낮은 수준의 가산세율과 탈세 적발 비율의 꾸준한 제고 노력이 요구된다.

투명하게 세금을 거두는 것은 세무행정의 핵심과제라 할 수 있다. 세무행정의 개선 나아가 개혁을 위한 몇 가지 과제를 제시한다.

세무조사와 행정 개선에 대해

세금에 대한 국민의 불만과 불신 나아가 불안을 없애기 위해서는 우선 성실한 납세자는 세무조사를 받지 않으며, 세무조사를 받는 납세자도 불편하지 않도록 개선할 필요가 있다. 이를 위해 세무조사를 세수 확보 차원이 아닌 성실하게 세금을 내도록 유도하기 위한 기능으로 전환하는 것이 중요하다.

이를 위해 납세자의 부담을 최소화하면서 세수확보를 도모할 수 있는 방안을 모색해야 한다. 즉, 세무조사 대상의 선정 기준, 선정 시 선정 사유, 조사 후 업종·규모별 조사실적 등을 투명하게 공개하는 것이 중요하다.

세무조사는 무엇보다 조사대상 선정 기준을 객관화하고 투명성을 높여야 한다. 먼저 정기 세무조사는 중소법인의 경우 성실도 분석상 불성실혐의자만 조사대상으로 선정하고 조사범위도 혐의사항에 한정해야 한다. 그리고 성실신고 유도 및 탈세예방에 부합하도록 주요 성실도 분석 항목을 정기적으로 공개해야 한다. 수시 세무조사의 경우, 수시선정 기준을 합리화하고 직접조사 대신 우편·서면조사를 활성화하여 세무조사 부담을 완화해야 할 것이다.

미국의 경우, 세무조사 사례 연구(National Research Program)를 통해 업종·탈루유형별 조사대상을 과학적으로 선정하여 세무공무원의 자의적 선정을 원천적으로 배제한다. 세무조사의 과학화와 투명화, 즉 성실도 분석으로 조사대상 수를 최소화하고, 선정된 조사대상자에 대하여도 납세자 부담을 줄이기 위해 노력하고 있다.

5 소득세, 근본적으로 개혁하자

우리의 소득세는 아직까지 후진성을 갖고 있다. 국민의 반 정도만 소득세를 내고 있을 정도로 소득세 기능이 정상적이지 못하다. 이는 소득세의 공제 제도가 지나치게 복잡하고 비정상적이기 때문이다. 아울러 과세단위가 개인으로서 부부와 개인을 선택할 수 있는 선진국의 제도에 비해 합리적이지 않다. 그래서 우리의 소득세를 선진국에 진입한 우리나라의 위상에 맞게 정상화하고 또 개혁해야 한다.

1) 소득세 공제 제도

소득세 공제 제도 확 바꾸려면…

현행 특별공제 제도는 실효성 차원에서 근로자의 세 부담을 경감해주는 데 미흡하다. 나아가 사회적으로 바람직하거나 필요한 행위를 장려하기 위한 용이한 정책적 수단으로 기능하는 것도 미흡하다고 할 수 있다. 따라서 근로자에게 보다 직접적이고 실질적인 혜택을 줄 수 있고 나아가 사회적으로 바람직한 행위를 유도하기 위해서 현행 특별공제 제도를 확대 개편하는 것이 바람직하다고 할 수 있다.

특별공제의 한도를 확대하거나 새로운 공제항목을 신설하는 등 특별공제 제도를 확대 개편하는 것은 세율 인하나 면세점 인상의 경우와는 달리 소득세수의 전반적인 감소로 나타나지 않는다는 장점이 있다. 즉, 특별공제의 한도 확대나 새로운 항목의 신설은 근로자 중에서 해당 항목의 지출이 발생하는 경우에만 공제혜택이 부여됨으로써 세수감소가 직접적이지 않고, 타 조세 정책에 비해서 상대적으로 적기 때문이다. 따라서 기존 특별공제항목의 공제한도를 현행보다 상향 조정하는 방안과 새로운 특별공제대상 항목을 신설하는 방안 모색이 필요하다.

새로운 특별공제대상 항목을 신설하여 근로자가 예기치 않게 지출하게 되는 비용이나 근로 활동에 필수적인 지출 요소를 특별공제대상에 포함시켜야 할 것이다.

특별공제의 항목별 한도를 인상하거나 새로운 항목을 신설하는 방안들은 기존의 어려운 「소득세법」을 더욱 어렵게 만들어 납세자의 이해를 높이기 위한 협력비용과 징수에 드는 행정비용을 증가시키는 문제를 발생시킬 수 있다. 세법이 너무 어렵거나 복잡하게 되면 오히려 서민이나 근로자는 자신이 받을 수 있는 면세항목을 충분히 알지 못하여 혜택을 받지 못하는 경우가 발생한다.

또한, 소득세의 납세체계가 일단 세금을 먼저 납부한 후 연말정산을 통해 돌려받도록 되어 있기 때문에, 조세체계를 잘 알지 못하는 근로자들은 자신이 연말정산을 통해서 세금을 전액 돌려받는 면세자임에도 불구하고 납세자로 잘못 알고 있는 경우도 발생하게 된다. 마치 물건을 사고 돈을 환불받았는데도 돈을 지불했다고 생각하는 것이다.

따라서 특별공제의 근본적인 개편 방안으로 공제 제도를 단순화하기 위해 미국에서 사용하는 개산공제(概算控除, Standard deduction)를 도입하는 전면적인 개편방안을 검토해 볼 수 있다. 특별공제 제도의 단순화를 통해 궁극적으로 납세자 편의를 높이고 행정비용을 낮출 방안을 모색하는 것도 바람직하다고 할 수 있다.

특별공제 제도가 특별한 항목에 대해서 실제로 지출한 금액을 기준으로 공제를 받고 영수증 등 증빙서류를 갖춘 경우에 한해서 소득공제를 받는 방식인데 반하여, 개산공제 제도는 소득과 가구원 수에 따라 적정한 금액을 산정해서 일괄적으로 공제해 주는 방식이다. 현행 표준공제 제도는 소득과 가구원 수에 상관없이 정해져 있다는 점에서 단순 표준공제 제도의 상한 인상만으로는 가구의 실제 지출 수준에 대한 보상적 성격인 특별공제 제도를 대체할 수 없다. 왜냐하면 소득이 높은 사람이 기존의 특별공제 지출항목에 대한 지출 수준도 높을 것이고, 가구원 수가 많다면 교육비 혹은 의료비에 대한 지출 수준도 높을 것이기 때문이다.

다시 말해서 기존의 표준공제 제도는 주로 저소득층만을 대상으로 하고, 가구원 수와 소득 수준의 고려가 없었다는 데 반해 개산공제 제도는 저소득층만이 아닌 전체 납세자(혹은 납세자 중 근로소득자)를 대상으로 가구원 수와 소득 수준을 고려하여 공제금액에 반영하는 것이다. 사

정치에 속고 세금에 울고

실 기존의 근로소득공제의 경우 소득 수준을 고려하여 공제금액에 차등을 두는 개산공제 제도의 일종이라고 할 수 있다. 따라서 개산공제 제도를 도입할 경우 기존의 근로소득공제를 포함시키는 방안도 검토할 수 있다.

아울러 개산공제 제도의 도입은 기존의 특별공제 제도를 없애는 것이 아니고 기존의 특별공제 제도를 유지하면서 개산공제도 병행하여 근로자가 선택하도록 하자는 것이다. 예를 들면, 연봉 3,000만 원의 4인 가족인 근로자가구의 개산공제금액이 200만 원이라고 정해졌다면, 소득공제를 받기 위해 특별공제로 200만 원보다 더 많은 공제를 받을 수 있는 납세자는 개산공제 방식을 사용하지 않고 지금과 같은 방식을 선택해 증빙서류를 갖추어 신고하고, 그렇지 않은 납세자는 개산공제 방식을 택해 200만 원을 내는 것으로 간편하게 연말정산을 마치면 되는 것이다.

2) 선택적 근로복지 제도 세제지원

특별공제 제도의 확대개편을 계기로 선택적 근로복지 제도(카페테리아 플랜, Cafeteria Plan)에 대한 세제 혜택이 확대될 필요가 있다. 선택형 근로자복지 제도는 근로자에게 선택의 폭을 넓혀줌과 동시에 세제혜택을 부여한다는 것이 핵심사항이 된다. 사실 미국을 중심으로 하는 선진국 사례에서 알 수 있듯이, 선택적 근로복지 제도는 「소득세법」상 특별공제 제도를 확대하여 근로자의 선택을 기초로 다양한 세제지원을 부여한다는 것이 도입의 주요 내용이다. 따라서 우리의 경우도 이미 법적 근거가 있는 선택적 근로자복지 제도에 세법상 보완이 반드시 이루어져야 한다.

선택적 근로복지 제도에 대한 세제지원의 기본구조는 크게 기업주 부담분과 근로자 부담분으로 구분할 수 있다. 기업주 부담에 대해서는 복리후생비로 처리하며, 근로자에게는 소득세 비과세 혜택을 부여한다. 대상이 되는 항목은 근로자의 생활안정과 삶의 질 향상을 위해 기업주가 지원하는 비용으로 의료 및 건강 관련, 사망, 장해, 실직 시 대책 관련, 노후생활대책 관련, 교육 및 자기계발 관련, 주거 관련, 부양가족 보육비 관련 등 기본생활보장 관련 급부를 들 수 있다.

근로자의 필요에 의해 추가적으로 부담하고자 하는 비용에 대해서는 소득공제 혜택을 부여하되(노사합의에 의한 지출) 한도를 설정해야 한다. 예를 들면, 총급여의 일정비율 혹은 정액을 한도로 설정하는 것이다. 제도 운영 상황은 제도 운영 후 관련 기관에 보고하도록 하며, 세제지원의 조건으로 관련 기관 제출서류, 기간, 방법 등을 법제화하여 변칙적인 운영을 방지해야 한다.

본격적인 선택적 근로복지 제도 세제지원의 단계적 방안은 첫 번째, 특별공제 제도를 확대 개편하고 두 번째, 개산공제를 도입하며 세 번째, 선택적 근로복지 제도 세제지원이 될 것이다.

정치에 속고 세금에 울고

우선 선택적 근로복지 제도 세제지원의 사전단계로서 근로자들이 안정적인 근로 활동을 영위할 수 있도록 기존 특별공제항목을 개편할 필요가 있다. 이는 앞서 설명한 공제한도 상향 조정 및 새로운 공제대상 항목 신설로서 가능할 것이다.

다음 단계로서는 특별공제 제도의 실효성을 한층 더 확보할 방안으로 앞서 소개한 특별공제 제도에 개산공제 제도를 도입하자는 것이다. 선택적 근로자 복지의 경우, 기업마다 일정 금액의 복리후생 수준 아래서 근로자가 선택하도록 하는데, 이 경우 이러한 일정 금액을 개산공제 금액에 포함하는 방안을 검토해 볼 수 있다.

그리고 추가로 근로자가 부담하는 연금보험, 의료보험 혹은 교육비 등에 대해서는 별도의 특별공제에 포함하는 것이 타당할 것으로 생각된다. 그 후 제도가 어느 정도 자리 잡게 되면 마지막 단계로서 선택적 근로복지 제도 세제지원을 함으로써 근로자의 수요에 맞는 항목에 대해 기존의 특별공제가 추구하던 바를 실질적인 혜택으로 돌림으로써 특별공제의 실효성을 확보할 수 있으리라 본다.

3) 소득세 과세단위의 조정

과세단위, 개인과 부부 선택하게 하자

소득세를 개혁하는 과제에는 과세단위의 재검토도 포함될 수 있다.

한국은 세계에서 고령화가 가장 급속히 진행되고 있는 국가다. 따라서 노동 공급의 급격한 감소가 우려된다는 점에서 여성의 노동시장 참여율을 높일 수 있는 정책과 대안 마련이 시급한 과제가 되고 있다. 바로 이 점에서 미국과 같이 과세단위를 개인과 부부 중에서 선택하도록 하는 제도 도입을 검토할 수 있다. 즉, 조세를 통해 여성의 노동시장 참여 의욕과 근로의욕을 동시에 높여줄 방안으로서의 과세단위 재검토가 필요한 것이다.

현재와 같은 개별과세가 장점이 있음에도 소득세 과세단위의 변경이 필요하다는 주장이 지속적으로 제기되고 있다(김민호, 2005; 김완석, 2005; 양충모, 2008 등).* 이처럼 소득세 과세단위 변경이 필요한 주요 이유를 다음과 같이 제시하고 있다.

첫째, 개별과세 제도는 소득과 소비가 발생하는 기본적인 경제적 단위가 가구라는 현실과 부합하지 않는다. 현실에서 가구의 관심사는 부부 중 누가 어떠한 소득을 얼마만큼 획득했는가 보다는 부부가 획득한 소득 총액이다. 따라서 개인단위보다는 소득의 실질적인 귀속자이면서 거래의 주체인 부부중심의 가계단위를 기준으로 담세력을 측정하여 과세하는 것이 응능과세(應能課稅) 원칙에 부합된다는 것이다.

---

* 김민호, 「소득세법상 과세단위에 관한 연구」, 토지공법연구, pp.27, 2005.
   김완석, 「소득세 과세단위의 개선에 관한 연구」, 한국조세연구원, 2005.
   양충모, 「가족과 혼인제도의 보호와 세대별합산과세제도」, 한양법학 vol.24, 한양법학회, 2008.

이와 관련하여 결혼 후 얻어지는 소득에 대하여 부부가 동등한 권리를 지녀야 한다는 점에서도 개별과세는 비판을 받고 있다. 개별과세 제도하에서는 가사노동에 대한 적절한 평가가 이루어지지 못하므로 재산형성 및 소득형성 과정에서 부부의 공동 기여가 무시되고 있다는 것이다.

둘째, 개별과세 제도는 소득의 인위적인 분산을 초래하여 과세의 형평을 침해하며 이러한 조세회피행위를 방지하기 위한 세무당국의 행정비용을 증가시키는 단점이 존재한다.

셋째, 조세 제도와 사회보장 제도는 제도 시행과 정책 효과에서 상호 연관성을 가진다. 따라서 두 제도의 평가 및 지원단위가 일치하는 것이 바람직하나, 한국의 소득세 제도가 개별과세 제도인데 반해 대부분의 사회보장 제도는 가구 단위로 지원이 이루어지고 있다.

따라서 소득세의 과세단위를 사회보장 제도의 지원 및 평가단위와 일치하도록 조정할 필요성이 제기된다. 이러한 필요성은 인구구조 고령화가 진행됨에 따라 사회복지 수요가 증가함을 고려할 때 점점 더 커질 것이다.

과세유형 시나리오는 첫째로 현행 「소득세법」과 동일한 개별과세, 둘째로 부부합산균등분할과세, 셋째로 개별과세와 부부합산균등분할과세 중 선택할 수 있도록 한 선택적 2분2승제, 넷째로 부부합산비분할

과세로 구분한다. 이 밖에 위 시나리오에 추가로 근로장려세제(EITC)와 자녀세액공제 시나리오를 적용할 수 있다.

근로장려세제와 자녀세액공제를 도입한 이유는 해당 제도가 노동 공급 및 출산에 영향을 미치고, 현재 우리가 직면하고 있는 가장 중요한 경제사회 여건 변화 중 하나인 저출산·고령화에 대응하는 조세 정책으로 중요한 의미를 갖기 때문이다. 즉, 분석결과는 근로장려세제와 자녀세액공제 등 제도의 효과가 과세단위 유형에 따라 어떻게 나타나는지를 알 수 있게 해 줄 것이며, 이를 통해 향후 저출산·고령화에 대응하는 조세 제도개혁과 관련된 시사점을 제시해 줄 수 있을 것이다.

시나리오를 중심으로 과세단위 변경 시 파급효과를 검토한 안종범 외(2010)*의 연구결과에 의해 도출되는 정책 시사점에 주목할 필요가 있다. 분석결과에 따르면 현행 개별과세 제도가 홑벌이 가구에게 더 불리하게 작용하고 있음을 보여주는 결과로 개별과세 제도가 결혼에 대한 회피 요인으로 작용할 수도 있음을 보여주는 결과다. 따라서 검토한 과세단위 유형에서 부부합산균등분할과세 제도와 개별과세 제도 중 유리한 제도를 선택할 수 있도록 하는 선택적 2분2승제가 상대적으로 장점이 많은 것으로 나타났다.

---

* 안종범, 전승훈, 김동준, 「소득세 과세단위 변경의 경제적 효과」, 한국경제연구 vol.28, no.2, pp. 171-199, 2010.

향후 50년 미래 사회 발전에 필요한 제도

지금과 같이 지극히 낮은 출산율 상황에서 결혼과 출산에 유인을 제공할 수 있는 과세단위로의 변경은 향후 50년간 한국 사회와 경제의 발전에 핵심적인 역할을 할 것이다. 따라서 다양한 과세단위 변경 시나리오를 기초로 파급효과를 검토하고 비교하는 것이 중요하다.

<그림 14> 과세단위의 유형

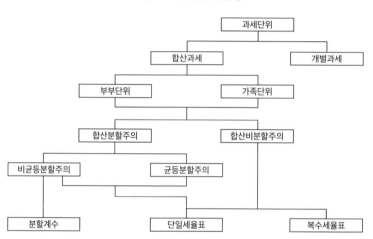

<표 19> 분석 시나리오

시나리오	가구의 소득세 부담
1. 개별과세	- 가구주와 배우자의 소득세를 각각 계산하여 합산
2. 부부합산균등분할	- 가구주와 배우자의 소득세를 합산한 후 각종 공제 제도를 적용하여 계산한 과세표준의 1/2에 소득세율을 적용하여 소득세액을 계산한 후 2배
3. 선택적 2분2승제	- 가구가 개별과세와 선택적 2분2승제 중 소득세 부담이 적은 과세단위 선택
4. 부부합산비분할	- 가구주와 배우자의 소득세를 합산한 후 각종 공제 제도 및 소득세율을 적용하여 가구 소득세 부담 계산

◆ 소득세 정상화와 개혁 ◆

현재 우리나라 소득세제는 그 기능이 미약한 상황으로 세제개편을 2단계로 나누어 추진할 필요가 있다. 1단계에서는 '소득세제 정상화'를, 2단계에서는 '소득세제 개혁'을 추진하는 것이다. 이는 정상화 단계에서 소득세 세수 비중을 확대해 소득세 기능을 강화한 후 2단계인 개혁 단계에서는 선진국처럼 소득세 비중은 낮추고 소비세 위주의 과세 체계로 정비한다는 의미다.

각 단계에서 필요한 구체적 노력들을 살펴보면, 소득세 정상화 단계에서는 과표 양성화 대책이 필요하며, 50% 수준에 불과한 납세자 비율을 고려할 때 하루빨리 면세점을 낮추어야 한다. 면세점 인하로 야기될 수 있는 문제들은 근로장려세제를 통해 조절할 수 있다. 근로장려세제는 면세점에 포함되는 저소득층을 대상으로 한 지출 및 감면 혜택이므로 면세점 인하와의 적절한 조화가 충분히 가능하기 때문이다. 또한, 지출 제도인 '국민기초생활보장 제도'의 기능을 고려할 때, 이 역시 면세점 인하 정책과 잘 조화시킨다면 저소득층을 위한 조세 내지 복지 정책이 될 수 있다.

소득 파악의 문제는 이제 세금 문제뿐만 아니라 사회보험, 나아가 사회복지에 이르기까지 중요한 이슈로 부각되었다. 따라서 세제와 세정의 개혁을 통한 과표양성화가 중요한 과제다. 이러한 과표양성화를 위해 부가가치세와 소득세의 정상화가 우선되어야 한다.

한편 개혁 단계에서 필요한 노력을 살펴보면, 우선 물가에 연동되는 세율 체계로 정비하여야 한다. 왜냐하면 물가상승에 대해 오랫동안 세율 조정이 이루어지지 않은 것이 일정 부분 세수 초과의 원인이 되었다고 판단하기 때문이다. 그 외에도 주식양도 차익에 대해 과세가 반드시 이루어져야 한다. 주식양도 차익에 대한 과세와 동시에 양도 차손에 대해서도 공제받을 수 있는 길이 열린다는 점을 간과해서는 안 된다. 주식투자로 인해 손해를 보는 많은 국민이 있음에도 불구하고 이러한 손실이 고려되지 않은 채 소득세를 내야 하는 것은 불합리하다. 다시 말해 지금과 같이 주식거래와 관련해 단순히 증권거래세만을 부과하기보다는 주식양도 차익(차손)에 적절한 과세 조치를 취하는 것이 세제의 합리화뿐만 아니라 궁극적으로는 주식시장 안정화에도 기여할 것이다.

6 물가에 연동해서 세금을 내게 하자

소득세 세율 적용 구간은 오랜 기간 계속해서 최저 구간인 '1,200만 원까지'를 시작으로 최고 구간인 '10억 원 초과'라는 금액을 유지해 왔다. 세액 계산의 기준이 되는 금액의 변화가 없다는 것은 그 자체만으로도 왜곡이 발생할 수 있다는 점을 쉽게 생각할 수 있다. 10년 이전인 1,000만 원은 지금의 1,000만 원과 그 가치가 다르기 때문이다. 물가상승을 소득세에 반영하지 않음으로 인해 발생하는 개인의 소득세 부담은 계속해서 증가하게 된다.

하지만 이러한 소득세 부담의 증가가 모든 소득 구간의 납세자에게 동일하게 부담되는 것은 아니다. 가장 부담이 크게 증가하는 부분은 세율 적용 구간의 한계점에 근접해있는 납세자들이라 할 수 있다. 그 이유는 물가상승에 따라 임금이 상승한 결과로 기존의 세율 적용 구간을 넘어서게 되고 결국은 한 단계 높은 세율을 적용받게 되기 때문이다. 만일 물가연동이 실시되었다면, 이러한 납세자의 소득세 부담은 급격히 줄어들 수 있다.

소득이 10억 원 이상인 고소득자들은 더 이상 높은 소득세율을 적용받을 일이 없다고 하지만, 보다 낮은 세율을 적용받던 중산층은 넘어설 수 있는 소득세율 구간이 계속해서 존재한다고 할 수 있고, 결국 물가연동의 부재로 인해 가장 많은 피해를 볼 수 있는 부분은 고소득자를 제외한 중산층 이하 계층이라고 할 수 있다.

하지만 간헐적으로 실시된 부분적인 소득세 세율 계급 구간의 변경만으로는 물가연동으로 인한 조세 부담의 변화를 해결할 수 없다. 다시 말해서, 물가상승률과 관계없는 세율 적용 구간의 인상도 문제라 할 수 있다. 물가상승은 매년 발생하는 데 반해 이러한 정책의 변화는 매년 이루어지지도 않기 때문이다. 또한, 소득세 제도에 포함되어 있는 여러 명목적인 금액 기준 중에 단순히 세율 적용 구간만을 변경했다는 문제점도 지적될 수 있을 것이다. 소득공제 금액 기준 등은 변경하지 않는다는 것이다. 물가상승 압력이 날로 커지고 있는 지금 더 이상 물가상승에 근로자를 방치해서는 안 되는 것도 이 때문이다. 소득세 물가상승제는 물가상승에 따른 세 부담상 피해를 근본적으로 차단할 수 있다는 점에서 지금 우리에게 가장 필요한 제도라고 하겠다.

다만 미국, 영국, 프랑스, 네덜란드, 뉴질랜드 등 오래전부터 물가연동제를 도입하여 시행해온 국가들의 사례를 검토하여 우리 실정에 가장 적합한 방안을 찾아내야 할 것이다. 세율 구간만 조정할 것인지 아니면 각종 공제까지 조정할 것인지 그리고 매년 조정할 것인지 아니면 3년에 한 번씩 할 것인지 등 검토할 대상과 방안만 해도 수두룩하다.

물가상승을 반영하여야 하는 조세가 소득세에 국한되어서는 안 될 것이다. 일반적으로 누진성을 띠는, 즉 여러 구간으로 나누어 명목금액을 표시하여 서로 다른 공제율이나 세율이 결정되는 세목들은 소득세와 같은 문제가 발생할 수 있다. 법인세의 경우도 법인소득의 규모에 의해 여러 가지 세율이 적용된다. 이러한 경우 물가상승률과 동일한 소득규모의 상승에도 불구하고 물가에 연동되지 않는 기준은 훨씬 높은 세율을 적용받게 되는 기업들이 발생하게 하는 요인이 된다.

부동산으로 인해 이슈가 되었던 재산세 및 종합부동산세에서도 위와 동일한 문제가 발생할 수 있다. 동일한 예로 6억 원 이상의 주택을 소유한 자에게 부여되는 종합부동산세가 10년 동안 누적 30%의 물가상승이 있었음에도 이를 반영하지 않았을 경우를 생각해 보자. 현재 4억 6,000만 원의 주택가격이 물가상승분과 동일하게 상승한다면 10년 후의 가치는 6억 원을 초과한다. 결국 종합부동산세를 납부하게 되어 실질적인 재산의 가치가 증가하지 않았음에도 불구하고 세금을 내야 하는 상황이 발생한다.

물가연동 도입이 조세 왜곡을 막는 방안

하지만 물가연동은 조세 부담의 증가 측면에서만 필요한 것은 아니다. 담배와 관련된 일련의 조세와 부담금을 물가에 연동하는 경우는 매년 담배 가격이 물가상승률에 맞추어 상승하게 된다. 결국 흡연자들에게 높은 담배 가격을 제시하게 되는 것처럼 인식할 수 있지만 현행 담배가격의 인상 방법처럼 일정 기간에 한 번씩 500원 혹은 특정 금액을 한 번에 인상하는 경우에는 판매자와 소비자의 입장에서 왜곡이 발생할 수 있다. 일시적인 담배가격의 인상은 소비자에게는 사재기, 판매자에게는 일시적인 공급의 감소를 유발하고, 생산자에게는 경영 전략 왜곡을 야기할 수 있기 때문이다. 이에 대한 우리 국민의 경험치는 이미 충분히 축적한 상황이다. 물가연동은 이러한 측면에서도 그 필요성을 제시할 수 있다.

결국 여러 가지 측면에서 물가연동이 필요한 조세와 부담금을 조사하고 그에 적합한 과정과 방법을 모색하여 조세 제도 전반에 걸쳐 물가상승으로 인한 적절하지 못한 상황의 발생을 제한하는 것이 필요한 것이다. 그에 앞서 당장 국민의 생활비와 직접 관련이 있는 소득세 제도의 물가연동을 보다 빠르고 완전하게 시행하는 것이 필요하다고 하겠다. 이러한 물가연동 세제의 도입은 정책의 재량성과 왜곡을 최소화할 수 있다는 장점을 갖고 있다. 나아가 경제 주체로 하여금 예측이 가능하도록 한다는 점에서도 바람직하다.

7 근로장려세제 확대하자

근로장려세제는 원래 점증 구간, 평면 구간 그리고 점감 구간을 설정한다. 점증 구간에서는 일을 더하면 받는 돈이 더 늘어나도록 하고, 평면 구간은 변동이 없이 일정하게 하고, 또 점감 구간은 일을 더하면 받는 돈이 줄어들게 함으로써 근로의욕저하문제를 막을 수 있다. 조세와 복지의 결합으로서 근로장려세제는 복지지출을 조세수입과 연계시킬 수 있다. 또한 기존 복지 제도에서 필연적으로 발생할 수 있는 근로의욕 감소현상을 어느 정도 해결할 수 있다는 장점이 있다.

이처럼 근로장려세제는 빈곤계층에는 속하지 않지만 다른 복지 제도의 혜택을 받을 수 없는 빈곤 차상위계층에게 혜택이 돌아갈 복지 정책이 조세 정책 하에서 기능하게 된다. 즉, 조세 제도의 틀 안에서 급여 지급이 이루어짐에 따라 이들 계층이 복지혜택으로부터 느낄 수 있는 심리적 모욕감(Stigma)을 완화할 수 있을 것이다.

국민기초생활보장 제도의 생계급여와 근로장려세제의 급여를 중복적으로 받도록 하면, 이른바 소득역전 문제가 발생한다. 근로장려세제의 점감 구간에 해당하는 소득을 가진 자는 일을 더 해서 소득이 커지면 국민기초생활보장 제도하에서 그만큼 급여를 덜 받을 뿐만 아니라 근로장려금마저 줄어들어 일해서 늘어난 소득보다 급여가 더 많이 줄어들 수 있다는 것이다. 다시 말해서 특정 구간에서는 10만 원을 더 벌 경우 급여가 10만 원 이상 줄어들 수 있다는 것이다. 다행히 이 문제는 「조세특례제한법 제100조의3 2항」에서 3개월 이상 국민기초생활보장 급여를 받은 자는 근로장려금을 신청할 수 없게 함으로써 상당 부분 해결 가능해졌다고 할 수 있다.

다만 국민기초생활보장에서 최저생계비에 미치지 못하는 소득을 버는 사람들의 경우 각종 사회보험료를 면제해 주다가 소득이 이 금액을 초과하는 순간에 사회보험료 전액을 납부하게 되는 문제가 여전히 남아 있게 된다. 이 경우 국민기초생활보장 수급자로 머물고자 하는 또 다른 강력한 의지를 갖게 하는 문제를 야기하게 될 것이다.

근로장려세제의 보완이 필요

현재의 근로장려세제는 평탄 구간과 점감 구간에서 근로의욕 감퇴 효과가 존재하며, 점증 구간에서만 근로의욕 증진 효과를 기대할 수 있다. 따라서 점증률을 높이고 점증 구간을 넓게 만드는 것이 중요하다.

그런데 우리의 근로장려세제는 현행의 국민기초생활보장 제도와의 관계를 고려할 때 점증률과 점증 구간을 확대하는 데 한계가 있다. 국민기초생활보장 제도가 현금급여 중심으로 되어 있어 근로의욕을 저하시키는 원인이 되고 있기 때문이다. 따라서 국민기초생활보장 제도는 근로무능력자에게 한정하고, 근로능력자에 대해서는 근로장려세제를 적용하는 것을 원칙으로 삼아야 한다.

다만 현행 조세 정책은 자체적으로 문제를 안고 있다는 점에서 지금 상태에서 국민기초생활보장 제도와 단순히 역할 분담시키는 것은 바람직하지 않다. 면세점이 지나치게 높아서 과세미달자가 과다하게 많기 때문이다. 인적공제와 근로소득공제 등에 의해 결정되는 면세점이 높아서 전체 근로자의 반 정도가 세금을 내지 않고 있을 정도다.

따라서 국민기초생활보장 제도하에서의 근로능력자를 근로장려세제 체제로 흡수함과 동시에 소득세 제도하에서 면세점을 인하하고 과표 구간과 세율 체계의 조정을 통하여 재원을 조달하는 방안을 마련하는 것이 중요하다. 이는 국민기초생활보장 제도가 가지는 근로의욕 저하문제를 해결하는 동시에 면세점을 인하함으로써 과세자 비율을 높여 제도 시행에 따른 비용 부담을 보전할 수 있다는 이점이 있다. 또한, 소득세가 적용되기 시작하는 과표 구간의 조정을 통하여 빈곤 차상위계층의 세 부담 증대를 완화하는 것도 검토할 필요가 있다.

근로장려세제 수급대상자 기준 소득은 물가상승에 따라 조정될 필요가 있다. 이러한 조정이 적절하게 이루어지지 않을 경우, 과거 미국이 경험하였듯이 근로장려세제 급여의 실질가치 하락이 불가피하다. 아울러 세율 구간 조정이 병행되지 않을 경우 저소득근로자의 한계세율이 높아져서, 근로장려세제의 실효성을 훼손할 가능성이 있다.

이와 함께 국세청은 별도의 소득 파악 노력을 해야 한다. 즉, 저소득층의 소득 파악은 초기에는 기존의 과세자료를 충분히 활용하되 새로운 소득 관련 자료를 체계적으로 축적해 가는 과정이 필요하다. 이를 위해 국세청에서 구축하여 활용하기 시작한 국세통합전산망을 기본 축으로 하여 새롭게 수집되는 각종 자료를 데이터베이스화하여 소득 파악 자료로 활용해야 할 것이다. 근로장려세제 대상자의 경우 비정규근로자가 많다는 점에서 이들 근로자를 고용하는 기업의 근로소득 원천징수자료를 활용할 필요가 있다. 이는 근로자 소득 파악의 기초가 되기 때문이다.

소규모 사업장에 고용된 근로자, 특히 비정규직 근로자에 대한 원천징수 관리를 조세행정을 통해 개선할 경우 저소득층 소득 파악이 상당 부분 해결될 수 있다. 특히, 외환위기 이후 국민연금, 고용보험 그리고 산재보험의 적용대상자를 4인 이하 사업장까지 확대하였고, 이를 관리하기 위해 보건복지부와 노동부에서 상당한 노력을 기울여 왔다는 점에서 이들 부처가 구축하고 관리하는 4인 이하 사업장 근로자, 비정규직 근로자의 실태자료를 국세청에서 활용할 경우, 근로장려세제 시행뿐만 아니라 국세행정 전반에 걸친 행정비용을 줄이는 효과를 거둘 수 있을 것이다.

8 저소득층에게는 부가가치세를 면세하자

사실 지금까지 면세점을 높여서 근로소득세를 경감해 주는 식의 처방은 서민에게 실효성이 전혀 없었다. 왜냐하면 전체 근로자의 50%가 소득세를 내지 않고 있는 상황에서 면세점을 높여도 저소득층에게는 추가적인 혜택이 없기 때문이다. 그래서 저소득층이 물건을 살 때 내고 있는 소비세, 즉 부가가치세나 특별소비세의 부담을 줄여주는 것이 훨씬 크고 확실한 도움이 될 것이다.

저소득층의 경우 부가가치세 면세혜택을 통해 최대 10%의 생활비 절감혜택을 볼 수 있다. 이러한 면세혜택은 기초생활보장대상자로부터 출발하여 점차 중산층까지로 확대할 수 있다. 저소득층 부가가치세 면세는 기존의 생필품에 대한 면세를 대체함으로써 효율성의 증진을 이룰 수 있는 장점도 있다. 그리고 부가가치세에 이어 서민이 주로 소비하는 품목에 대한 특별소비세에도 면세혜택을 확대할 수 있을 것이다.

저소득층에 스마트카드(가칭 '희망카드') 발급을

저소득층의 경우 기초생활보장 수급자를 대상으로 스마트카드(가칭 '희망카드')를 발급하여 부가가치세 등 소비세의 면세혜택을 줄 수 있다. 기초생활보장 수급자에게 지급되는 현금급여를 수령할 수 있는 통장을 근거로 스마트카드를 개설하여 사용금액을 결제하도록 할 수 있다. 이와 같은 스마트카드를 이용하여 직불카드 가맹점에서 물품을 구입하게 되면, 카드 내 정보입력으로 부가가치세 과세물품은 자동으로 면세된 가격으로 판매할 수 있다. 그러면 스마트카드 발급회사는 가맹점에 부가가치세가 과세된 금액만큼을 추가로 지급한 후 세무서에 환급 신청을 할 수 있을 것이다.

최근 소매점의 경우 이미 상당수 슈퍼 형태의 소매점이 있을 뿐만 아니라 대부분은 신용카드 단말기를 비치하고 사용하고 있다. 따라서 서민들의 경우 희망카드를 취급하는 업소를 쉽게 찾을 수 있을 것이다. 희망카드의 유통은 영세소매매장의 과표 양성화에도 도움이 될 것이다. 왜냐하면 희망카드는 현금 거래 비중이 줄어드는 효과가 있고 이는 그만큼 과표 누락의 소지가 작아지기 때문이다.

서민증을 발급하는 경우 사회 낙인(Social stigma)이 발생할 수 있다. 따라서 현재 기초생활보장대상자의 경우 통장을 개설해서 여기에 현금급여를 입금받고 있는 것처럼, 이 통장을 기초로 직불카드 형태의 스마트카드를 발급받는 것이 바람직하다.

기초생활보호대상자에 대한 기존 각종 혜택은 행정비용이 많이 든다. 그런데 희망카드의 경우 월 한도를 설정하면 대략 월 5~6만 원 정도의 혜택을 보게 되는데 이는 기초생활보호자에게 도움이 되는 규모라 할 수 있다. 희망카드를 발급할 경우 취급 카드회사를 선정하고 이 카드회사가 세무당국과 결제하는 형식을 취하기 때문에 행정비용은 미미할 것이다. 부가가치세 면세혜택은 앞으로 기초생활보장의 현금급여를 대체하는 역할을 하게 된다면 재정 소요를 줄일 수 있는 계기로 작용할 수 있을 것으로 기대된다.

세제개혁을 통해 재분배 효과 증대와 더불어 복지프로그램 확대의 요구가 있다. 기본소득이나 안심소득 등과 같은 새로운 현금급여 방식의 제안도 무분별하게 나오고 있다. 그러나 이러한 제도는 근본적으로 막대한 재정 소요를 유발한다는 점에서 새로운 세원의 발굴이 선행되지 않으면 안 될 것이다. 그러나 현재와 같은 고령화, 소득불평등 확대, 빈곤 문제 등을 고려할 때, 기존 세제에서의 세수입으로는 충분치 않다. 따라서 부가가치세율을 높이는 것이 중요한 세원 확보 원천이 될 것이다.

현재 한국의 부가가치세율은 10%이나 OECD 대부분의 국가는 15~25%가량이다. 따라서 부가가치세율을 올림으로써 세수를 확충할 수 있을 것이다. 부가가치세율의 인상에 따르는 서민층의 세 부담 증가는 앞에 논의한 부가가치세와 특별소비세 면세확대를 통해 해소할 수 있을 것이다.

9 자본소득, 제대로 세금 내게 하자

현재 소득세제 개선의 세계적 추세는 효율성에 우선순위를 둔다는 것이다. 그러나 한국은 여전히 형평성에 우선순위를 두고 있다는 점에서 소득세제의 정상화를 위해 상당한 기간이 소요될 것으로 예상된다. 그러나 소득세제의 정상화 과정이 어느 정도 완성이 된다면 소득세제의 형평성과 세계적 추세인 효율성을 동시에 추구하는 방안도 모색할 수 있을 것으로 보인다. 이러한 가능성은 금융소득종합과세와 자본소득과세의 개선과정을 통해 나타날 수 있다.

한국은 선진국들이 거쳐 간 금융소득종합과세를 통한 형평성의 추구과정을 아직 본격적으로 경험하지 못했다. 그러나 선진국은 이미 금융소득이나 자본소득에 대한 과세에 있어서 효율성에 우선순위를 두고 있다. 스칸디나비아 국가들이 시행하고 있는 이원적 소득과세(Dual income tax)와 같이 자본소득에 대해서는 낮은 세율을 적용하는 것이 한 가지 예라고 할 수 있다.

따라서 한국의 경우 형평성과 효율성을 동시에 추가하는 방안을 모색하는 것이 필요하다고 할 수 있다. 그 구체적인 방안으로서 선택형 금융소득종합과세의 추진이나 주식양도차익과세의 부분적 시행 등을 예로 들 수 있다.

한국의 금융소득종합과세는 2,000만 원이라는 기준금액이 있어서 본격적인 종합과세라고 할 수 없다. 근로소득에 대해서는 세금을 전혀 내지 않는 저소득층이 금융소득에 대해서만 14%(지방세 포함 시 15.4%)의 세율을 적용받는 불합리성과 불공평성도 갖고 있다. 이러한 문제를 해결하기 위한 대안으로는 금융소득에 대해 종합과세와 분리과세를 선택할 수 있게 하는 선택형 금융소득 종합과세 제도가 있다. 이는 납세자가 분리과세를 선택하는 경우에는 금융정보를 국세청에 통보하지 않고 높은 세율의 원천징수로 납세의무를 종결시키고, 종합과세를 선택하는 경우에는 원천징수 대신에 금융소득을 포함한 여타소득과 함께 해당 소득세율에 따라 종합과세하는 제도다. 이는 저소득층의 세 부담 완화와 고소득층의 세 부담 증대를 실현하면서도 금융시장에 주는 충격은 최소화시킬 수 있는 제도라는 점에서 의의가 있다.

현행 주식양도차익에 대한 과세는 상장법인과 코스닥 등록법인 주식의 1%~4%* 이상(또는 10억 원 이상)을 소유하고 있는 대주주의 주식양도에 한하여 양도소득세의 세율에 따라 세금을 납부하도록 규정하고 있으나 개인투자자의 양도소득에 대해서는 부과하지 않는다. 반면, 개인투자의 주식양도차익은 비과세대상으로 분류되어 주식거래 시에 거래대금의 0.08%~0.23%인 소액의 증권거래세만 부담하고 있다. 부유층의 대부분이 금융자산을 소유하고 있다는 사실에 비추어 공평성이 침해되고 있다고 볼 수 있다.

따라서 이제 주식양도차익과세 제도의 합리적인 도입방안을 모색함으로써 장기적으로 금융시장과 자본시장을 발전시킬 수 있는 계기를 마련하는 것이 필요하다.

이러한 취지에서 2020년 세법개정을 통해 금융투자소득세(일명 금투세)가 도입되어 2023년 1월 시행 예정이었으나 현재 유예가 예상되고 있다. 금투세는 20%와 25%(과표 3억 원 초과 시)로 장단기 구분 없이 소득

---

* 코스피 1%, 코스닥 2%, 코넥스 4% 이상

과 별도로 과세(분류과세)하도록 되어 있다. 금투세의 유예를 계기로 이를 보완하여 시행하는 것이 필요하다.* 즉, 단기간에 이루어지는 투기적 거래에 대해서는 높은 세금을 부과하고 장기적인 투자에 대해서는 세금을 낮추어 주식시장을 투기가 아닌 투자의 장으로 만드는 것이 바람직하다. 과세방법으로는 종합과세의 세율로 적용하는 방법과 종합과세와 분리과세 중 납세자가 택일하는 방법이 있다. 특히, 단기양도차익과 장기양도차익을 구분하여, 단기중과·장기경과의 원칙으로 세율, 면세점 등의 차등 설정을 고려해 볼 수 있다. 즉, 미국의 방식을 적용하여 장기양도차익의 50%를 비과세한다면 행정비용이나 납세비용의 상승 없이 실행할 수 있다. 장·단기 구분은 독일의 경우와 같이 1년으로 설정하는 것이 합리적이라고 할 수 있다.

독일의 경우, 개인이 1% 미만의 지분을 1년 이상 보유한 경우에는 비과세하여 장기보유를 유도하고 있으며, 1% 이상의 지분을 소유한 경우에는 보유 기간과 관계없이 과세하고 있다. 또한, 주식투자로 발생한 손실에 대해서도 소득공제혜택을 부여하여 주식으로 손실을 본 만큼 소득에서 공제할 수 있게 함으로써 별도로 세금을 내는 부담을 없애 줄 수 있다. 따라서 장기투자는 세금 부담이 현저히 줄어들고 손실은 차익에서 공제할 수 있어 주식양도차익과세가 주식시장을 오히려 활성화할 수 있는 계기가 될 수 있을 것이다.

---

* 이상엽, 송은주, 서동연, 「금융투자소득세의 평가와 향후 정책 방향」, 세무학 연구 제38권 제2호, 2021.6. 참고.

10 누더기 부동산 세금을 정상화하자

2017년 5월 출범한 문재인 정부는 투기수요를 억제하여 실수요자를 보호하고 집값을 안정화하겠다며 수많은 부동산 정책(28회)들을 쏟아 냈다. 결과적으로 부동산 정책은 실패해 전문가와 국민들 모두에게 역사상 최악의 정책이었다고 평가받고 있다.

노무현 정부와 같이 투기세력과 부동산 부자를 잡겠다고 시도한 정책은 실패가 예견되었음에도 무차별적으로 무책임하게 추진한 결과, 부동산 가격이 급등하여 내 집 마련과 분배 문제는 더욱 어렵게 되었다.

박근혜 정부에서 부동산 규제 완화로 주택 거래가 활성화될 시기엔 서울 아파트 가격이 10.21% 상승했다. 박근혜 정부가 '빚내서 집 사라'라고 했다고 비판하면서 자신들은 대신 집값 잡아 서민 주거 안정을 이루겠다고 한 문재인 정부는 4년 차인 2021년 6월 기준, 문재인 정부 기간 동안 서울 아파트값은 87%, 전국 아파트값은 62% 상승시켰다. 박근혜 정부의 규제 완화에도 10% 정도밖에 오르지 않았던 부동산 가격을 규제하니 90% 가까이 폭등을 하는 현상이 나타난 것이었다.

이러한 상황에서 부동산 세금은 더욱 누더기가 되었다. 종합부동산세와 재산세 등을 여러 번 강화하면서 부동산 세금에 대한 복잡성과 불만은 더욱 심각한 수준이 되었다. 따라서 대표적인 자산과세인 부동산 관련 과세 제도는 형평성 제고를 위해 세 부담 구조를 조정할 필요가 있다. 외국에 비해 상대적으로 높은 전체 세 부담 수준을 유지하면서 거래세 비중을 축소하고 보유세 중심구조로 변경해야 한다. 거래세 중심구조는 부동산 가격의 안정화가 진행됨에 따라 부동산거래 자체를 저해하는 왜곡 효과를 유발하기 때문이다.

보유세 부담 수준은 부동산 중심 자산구조와 상대적으로 높은 부동산 가격수준을 감안하여 세율 수준보다 부동산의 거래보다 보유세수 비중 중심의 조세 정책 목표를 설정할 필요가 있다.

아울러 종합부동산세와 재산세를 통합하여 지방세로 전환할 필요가 있다. 사실 종합부동산세와 같이 부동산 보유세를 국세로 운영하는 국가는 거의 없다.

정리하자면, 누더기로 되어 있으면서 대다수의 국민들의 불만대상이 되고 있는 부동산세를 정비하되, 보유세 중심으로 전환하고 보유세 또한 종합부동산세를 재산세와 통합하면서 지방세화하는 것이 바람직하다.

11 환경보호에 도움되는 세금 만들자

ESG* 열풍이 드세다. 기업과 정부는 온통 ESG로 달려가고 있다. 세금도 ESG 시대로 나아가야 한다. 기존 에너지세제에 대한 환경·기후친화적 기능을 강화하기 위해, 중장기적으로 에너지 관련 세제는 환경세로 통합·개편하는 것은 바람직하다. 기존의 교통·에너지·환경세 및 에너지 관련 개별소비세는 점진적으로 환경세로 통합하는 것을 검토하고 에너지과세는 비수송 부문 등 에너지 전반에 걸쳐 상대적 세율 구조가 적용되어 환경피해의 사회적 비용에 맞게 합리적으로 개편될 필요가 있다.

입법부와 행정부가 주도적으로 친환경 정책과 환경을 만들어 감에 있어 조세 정책을 선도적으로 개선해 나가야 할 때다. 교통·에너지·환경세 만료 이후 관련 법령 개정 및 유류세 체계 간소화를 추진할 필요가 있다. 지방주행세, 교육세 등 부가세(Surtax) 조정, 유류세 체계 간소화와 각종 환경오염의 사회적 비용을 감안한 에너지원 간 과세 형평성을 강화해야 한다.

선진국처럼 환경세와 배출권거래제를 적절히 혼합하는 것이 바람

---

* 기업의 비재무적 요소인 환경(Environmental)·사회(Social)·지배구조(Governance)를 뜻한다.

직할 수 있다. 낮은 세율로 광범위한 영역에서 환경세를 도입하고, 더욱 적극적인 관리가 필요한 분야는 총량제한 배출권거래제를 도입할 필요가 있다. 점진적이고 단계적인 탄소세 도입을 검토하되, 이 경우 특정 부문에 탄소총량 배출권거래제를 병행·실시하는 방안 추진을 검토할 필요가 있다.

자동차 관련 세제, 친환경 상품 및 투자 활성화를 위한 각종 세제지원을 강화하고 또한 각종 부담금 및 보조금 등을 보다 기후변화 대응적으로 보완·개편할 필요가 있다. 자동차 관련 개별소비세는 승용차에 한정하여 과세되고 있으나, 자동차 수요의 각종 외부비용(혼잡비용, 도로파손 등)을 엄격하게 반영하기 위해 중장기적으로 비승용차 부문으로 과세대상을 확대하고 과세방법 다양화(중량, 연비 등)를 고려해야 한다.

친환경자동차 기술개발, 산업육성을 위한 세제혜택, 보조금지원 강화 등도 필요하다. 한시적으로 그린카 등 에너지 효율적 차량에 취등록세 감면이나 면세·보조금 등 세제혜택을 부여하고, 근본적으로 자동차세제를 배기량이 아닌 CO_2 배출량 배출가스 등급 및 연비효율기준에 기초하여 세제개편을 추진해야 한다. 아울러 친환경제품(환경마크, GR마크 등)에 대한 부가가치세 감면 조치를 통해 친환경제품의 수요 확대를 유도해야 한다.

정치에 속고 세금에 울고

맺 는 말

세금은 어렵고 복잡하다. 그래서 전문가들의 전문성과 진정성이 발휘되어야 하는 것도 세금이다. 이런 세금을 정치적으로 이용할 경우 오는 피해는 결국 국민들에게 돌아간다. 그 어느 때보다 세금 논의에 전문성과 진정성이 필요할 때다.

우선 세금만능주의, 포퓰리즘 등의 문제에서 벗어나려면 적어도 중장기적인 시각 아래 조세 정책 계획을 수립하고 이를 달성하기 위한 지속적이고 일관성 있는 노력을 기울여야 한다.

지금 현재 재정건전성의 문제가 심각하다고 해서 재정계획을「국가재정법」에 따라 5년 단위의 중기적 계획으로 작성하기보다는 10년, 20년을 내다본 장기 계획 수립이 필요하다. 왜냐하면 우리나라는 세계에서 가장 낮은 출산율 및 가장 빠른 속도의 고령화 문제를 안고 있고, 통일을 앞두고 있어 엄청난 재정 수요가 필요할 것이기 때문이다. 이러한 여건을 고려해 볼 때 5년이 아닌 10년 내지 30년까지 내다본 구체적인 장기적 재정계획과 조세계획을 작성해야 한다. 그리고 이와 같은 장기 계획 아래 연도별 예산 편성 및 조세 정책을 만들어가는 것이 바람직하다.

다음으로 중요한 점은 지금까지 시행해온 많은 조세 정책 중 주요

정치에 속고 세금에 울고

정책, 특히 발표자료에 언급된 세제에 대해서는 사후적 평가·분석이 이루어져야 한다는 것이다. 아울러 세법개정에 대해서는 매우 신중하여야 한다.

세 부담을 낮추는 것 못지않게 중요한 것은 세금의 종류를 줄이는 것이다. 우리는 국세와 지방세를 합해서 세목 수가 25개로 OECD 국가 중에서 세목 수가 많은 나라에 속하고 있다. 세금의 크기와 더불어 세금의 가지 수도 이른바 조세 왜곡(Tax distortion)을 야기한다는 점에서 세목의 수를 줄이는 것도 경제적 효율성을 높일 수 있는 중요한 정책 수단이 될 것이다.

세제개편의 빈도수를 줄이는 것도 우리의 조세 정책에서 반드시 필요하다. 감세, 세목 수 축소와 더불어 일관적인 조세 제도는 경제의 불확실성을 줄여 각 경제 주체들이 안정적으로 경제 활동을 할 수 있도록 한다. 전 세계적으로 우리나라만큼 세제개편이 잦은 나라는 아마 없을 것이다. 거의 매년 세제개편을 하고 개편 항목 수도 100개가 넘을 정도로 세제개편 남용 국가라는 딱지가 붙어 있다. 빈번한 세제개편은 하나의 세제개편의 효과가 나타나기 전에 또 다른 세제개편이 이루어져, 개개의 세제개편 효과를 철저히 분석할 수 없게 만든다. 따라서 추후 보완책을 마련하는 데 크나큰 장애가 된다.

미국과 같은 대부분 선진국의 경우, 세제개편을 할 때 신중에 신중을 기하여 수많은 학자와 전문가들이 연구한 결과를 놓고 오랜 기간 토론하고 각종 안을 정리하고 보완하는 과정을 반드시 거친다. 이런 과정을 통해 마련되는 세제개편은 실제 집행된 후에 과연 기대했던 효과가 나타나는가에 대해 철저히 평가하여 차후 세제개편에 반영시킨다. 미국의 1983년 세제개편이 아직까지 평가가 이루어지고 있다는 점만 보더라도 세제개편을 신중하게 한다는 것의 의미는 상당히 크다고 할 수 있겠다.

아우구스투스 황제는 세금을 한 번 정할 때 신중해야 하며, 한 번 정해지면 좀처럼 바꾸어서는 안 된다고 주장했다. 아우구스투스가 조세의 공평성을 고려하여 역사상 처음 상속세를 신설하는 데 20여 년의 시간이 걸렸을 정도며, 아우구스투스의 조세개혁 이후 다섯 가지의 세금은 변함없이 고대 로마의 역사와 함께 300년이나 지속되었다.

지난 정권의 사회·경제적 정책 실패에 실망한 국민들이 이루어낸 정권 교체로 새 정부는 지금 상당한 부담을 가지고 있다. 세제를 포함한 정책 전반을 개혁하기 위해 수많은 정책 메뉴들을 접하고 있다. 그래서 조급하게 최대한 많은 메뉴를 골라 하루빨리 시행하고 싶은 욕망에 사로잡혀 있을지도 모를 일이다. 그러나 아무리 몸에 좋은 반찬이 많이 차려있더라도 당시의 건강 상태에 비추어 가장 좋은 것이 무엇인지 선택해서 먹는 지혜가 필요하다.

그래서 지금 우리에게 필요한 것은 단편적이고 일시적인 세제개편이 아니라 조세 제도와 조세 행정 전체를 놓고 가장 바람직한 모습이 어떤 것인지 그려 보는 것이다. 즉, 조세 제도개혁의 그랜드 디자인(Grand design)이 필요하다는 것이다. 조세개혁특위와 같은 조직이 구성되어서 신중하게 과학적으로 오랜 기간 조세 제도를 연구하는 과정이 필요하다.

인류 역사를 보면 세금으로 나라가 흥하기도 하고 망하기도 했다. 그만큼 세금은 가장 효과적이고도 위험한 통치수단이다. 그동안의 정책 실패에서 보았듯이 세금은 이념논쟁의 대상으로, 또 포퓰리즘의 수단이 되어서도 안 된다. 새로 출범한 정부에게 기대하는 것도 세금에 대한 신중하고도 효과적인 접근이다. 그래야 세금으로 국민부담을 줄이고 경제도 살릴 수 있을 것이다.

❖ 참고문헌

• 국세청, 『세정100년약사』, 1996.

• 김낙회, 『세금의 모든 것』, 21세기북스, 2019.

• 김종규 논설고문, 「국세청 비록 1~7」, 조세금융신문, 2016.7.8.~2022.4.9.

• 도미닉 프리스비, 『세금의 세계사』, 한빛비즈, 2022.

• 마이클 킨, 조엘 슬렘로드, 『세금의 흑역사』, 세종서적, 2022.

• 박명호, 「현안분석-1999년 국세행정개혁의 성과에 대한 평가 및 시사점」, 『재정포럼 124권』,
  한국조세재정연구원, 2006.

• 안종범, 『개방화 세계화 시대의 소득세제 개혁과제』, 공공개혁 시리즈 4, 한국경제연구원, 2007.

• 안종범, 『근로자와 서민을 위한 세제개혁』, 해남, 2005.

• 안종범, 『수첩 속의 정책』, 렛츠북, 2022.

• 안종범, 『재정포퓰리즘과 재정개혁』, KINS 정책보고서 3, KINS, 2008.

• 양재진·윤성원·장우윤, 「한국인의 복지 및 기본소득 관련 증세 태도 연구」, 『예산정책연구 제10권
  제2호』, 국회예산정책처, 2021.

• 원윤희, 『역사 속의 세금 이야기』, 박영사, 2019.

• 유시권·박정수, 『국세행정개혁 방안(I, II, III)』, 한국조세연구원, 1994.

• 이매뉴얼 사에즈·게이브리얼 저크먼, 『그들은 왜 나보다 덜 내는가』, 부키, 2021.

• 재경회·예우회, 『한국의 재정 60년』, 매일경제신문사, 2011.

• 전주성, 『재정전쟁』, 웅진지식하우스, 2022.

• 한국재정학회 세제개편위원회, 『세제개혁』, 해남, 2008.

세금 포퓰리즘 11가지 대책

정치에 속고
세금에 울고

초판 1쇄 발행 2023년 01월 13일

지은이 안종범, 박형수, 임병인, 전병목
펴낸이 류태연

기획 정책평가연구원
편집 이재영 | **표지디자인** 김민지 | **본문디자인** 조언수

펴낸곳 렛츠북
주소 서울시 마포구 양화로11길 42, 3층(서교동)
등록 2015년 05월 15일 제2018-000065호
전화 070-4786-4823 | **팩스** 070-7610-2823
이메일 letsbook2@naver.com | **홈페이지** http://www.letsbook21.co.kr
블로그 https://blog.naver.com/letsbook2 | **인스타그램** @letsbook2

ISBN 979-11-6054-598-2 13300